常春藤传记馆

温儒敏／主编

U0851340

成功不会从天降

比尔·盖茨传

刘启涛　著

長春出版社
国家一级出版社
全国百佳图书出版单位

图书在版编目（CIP）数据

成功不会从天降：比尔·盖茨传 / 刘启涛著. —
长春：长春出版社，2017.1（2020.1重印）
（常春藤传记馆 / 温儒敏主编）
ISBN 978-7-5445-4667-6

Ⅰ. ①成… Ⅱ. ①刘… Ⅲ. ①盖茨（Gates，Bill
1955- ）-传记 Ⅳ. ①K837.125.38

中国版本图书馆 CIP 数据核字（2016）第279473号

成功不会从天降:比尔·盖茨传

著　　者　刘启涛
责任编辑　历杏梅
封面设计　楠竹文化

出版发行　长春出版社
总 编 室　0431-88563443
市场营销　0431-88561180
网络营销　0431-88587345
地　　址　吉林省长春市长春大街309号
邮　　编　130041
网　　址　www.cccbs.net

制　　版　佳印图文
印　　刷　吉林省科普印刷有限公司

开　　本　787毫米×1092毫米　1/32
字　　数　128千字
印　　张　8.75
版　　次　2017年1月第1版
印　　次　2020年1月第6次印刷
定　　价　19.80元

总 序

温儒敏

十多年前，我主持人民教育出版社高中语文教材的编写，其中选修课就专门设置有《中外传记选读》一种，我自己还动手编写了这本教材。因为受高考“指挥棒”影响，一般学校的选修课未必真能让学生自主选修，很多选修教材编出来都没有使用，但《中外传记选读》一直很受欢迎，每年都有重印。这让我对传记的阅读推广有了特别的关注。

我还注意到最近三四年高考语文试题命制的一种趋向，无论是全国卷还是其他省市卷，阅读题往往都选传记作为材料。比如今年（2016 年）全国卷的甲、乙、丙三套卷子，文言文阅读的材料全是传记，包括《明史·陈登云传》（甲卷）、《宋史·曾公亮传》（乙卷）和《明史·傅珪传》（丙卷）；现代文阅读的实用类文本也多用传记，节选了《吴文俊传》和《陈忠实传》。可见传记阅读越来越受到重视，考试也有意往这方面引导。

中小学语文教材也应当多选一些传记。现在

教育部正组织编写一套新的义务教育语文教科书，聘我担任总主编，这套新教材就选了不少名人传记，并鼓励学生多读传记。

为什么中小学生要多读传记？我曾在《中外传记选读》的前言中说过理由，这里不妨转述一下：

> 同学们都渴望能拥有健全、快乐和成功的人生，现在的学习阶段就在做准备，而且其本身就已经是你人生经历的一部分。我们该怎样设计自己的人生？当然最重要的还是学习。除了学习文化知识，还要从历史人物或者成功的人物身上学习宝贵的生活道理、人生哲学以及获取成功的途径。这就是励志教育，是人生教育中非常重要的部分。人都需要不断添加生活的动力，特别是在年轻的时候，要有偶像和楷模，有高远目标的激励。如同英国思想家培根所说过的：“用伟人的事迹激励我们，远胜一切的教育。”让同学们从那些杰出的成功的人物身上吸取人生的经验，从前人多种人生道路的选择中寻找我们各自的“契合点”，这就是我们设立这门课的主要目的。

这里说的“设立这门课的主要目的”，其实

也是我们推出这套“常春藤传记馆”丛书的目的。

“常春藤传记馆”丛书由北京大学语文教育研究所组织编写，长春出版社出版。全套丛书初步设定为100种，每本10万字左右，其选目、内容和写法都是为中小学生“量身定制”的。我们希望这套丛书能作为基本图书进入中小学图书馆。和其他同类传记图书相比，“常春藤传记馆”丛书有四个特色：

一是传主覆盖范围广。包括中外古今各个领域的名人，涉及政治、军事、科学、实业、社会活动、文学、艺术、革命等领域。重点考虑有代表性的、在精神层面可以给学生激励的那些名人。

二是和课程教学有呼应。中小学除了语文，各个学科的教材和教学都会涉及中外古今各个领域的著名人物，选择主题首先考虑这一情况，选取学生有所接触又可能希望进一步了解的那些名人。这可以满足学生不同的兴趣爱好。

三是专门为中小学生编写。本套传记不是专业性强的评传，而是重在勾勒传主生平事业贡献的小传，内容和文字力求深入浅出，生动形象，有趣有味。阅读对象接受水平可以定位在初中程度，也可以稍高一点。特别是有些理科方面的传记，主要面对高中生。其实，小学生的课外阅读也要取法乎上，他们可以读这套为中等文化水平的读者设计的书。

四是内容安排上特别注重励志及健全的人格心理引导培养，在叙说传主生平事迹时，适当地自然地凸显这些方面的思考。

丛书取名“常春藤传记馆”，有特别的含义。“常春藤”是一种多年生常绿藤类灌木。美国哈佛大学等几所著名的私立大学，组成体育联盟，叫“常春藤盟校”，其起名是因为这些老校的校舍墙上常攀缘有常春藤。本丛书以“常春藤传记馆”作为标识，是虚拟的意象，可以联想到著名的学府，也可以联想到古代的书院，从而营造浓郁的阅读氛围和宁静的心境。另外，“常春”和“长春”同音，暗含这套丛书是由长春出版社出版的。

但愿广大师生喜欢这套书，也期盼大家提出批评建议，共同来经营好这套书，让“常春藤传记馆”更好地满足广大读者，特别是中小学生课外阅读的需求，满足语文教学的需求。

2016 年 6 月 30 日济南历下

（温儒敏，山东大学一级教授，北京大学中文系教授，教育部聘义务教育语文教科书总主编）

目录
contents

第一章
中产阶级家庭的“肖子”

2016年3月2日，美国著名的《福布斯》杂志又推出了一年一度的全球富豪排行榜，赫然位居榜首的依然是那个让世人再熟悉不过的名字——比尔·盖茨。这已经是比尔·盖茨自1995年以来第16次名列福布斯全球富豪榜的榜首了。他那“蒙娜丽莎式”的微笑里，始终闪烁着商人的睿智和科学家的深邃，这给世界各地的人们都留下了深刻的印象。

我们把时间拉回到1995年的7月17日，此时年仅39岁的比尔·盖茨第一次在福布斯全球富豪榜上独占鳌头。这时的他拥有着129亿美元的个人财产，其麾下的微软公司已经成为一家拥有近18000名员工的超级跨国公司，该公司每年的销售收入达到了50多亿美元。在接下来的十多年时间里，比尔·盖茨在商场上可谓是所向披靡，一次次赢得了世人的瞩目。对于今天的比尔·盖茨来说，当年的那个“天文数字”，已经不足道哉。他的净资产值已高达750多亿美元，“富可敌国”这个词用在他的身上，可以说是再合适不过了。在世人的眼中，比尔·盖茨俨然成了“世界首富”的代名词。其实，对于比尔·盖茨来说，财富只是一种符号，或者说是衡量他人生价值的一个标尺。他通过自己卓越的才能和艰辛的努力，不仅开创了一个辉煌的商业帝国，也直接推动了当代电子计算机发展的革命。

事实上，比尔·盖茨的成就还不止这些。就在2006年度福布斯全球富豪排行榜推出，也是比尔·盖茨又一次名列其榜首的3个月后，这位叱咤风云的商界领袖向外界宣布了他的退休计划。两年之后，比尔·盖茨果然履行了这个承诺，他把公司里的一切日常事务交给了自己的助手，全身心地投入到了伟大的慈善事业当中。从此，比尔·盖茨开始了以慈善改变世界的历程，他和妻子为了救助那些弱势群体而积极奔走，慈善俨然成了他人生的第二战场。

可以说，“比尔·盖茨”这个名字充满了太

多的传奇，它带给了世人太多的惊讶。走近比尔·盖茨，我们不仅能够从他那不平凡的人生中获知一个个多彩的人生故事，也能够从他那非同寻常的人生阅历、张扬的个性精神以及崇高的人生理想中汲取成长的力量。

不甘平庸的家族

1955 年 10 月 28 日是一个再平常不过的日子，可是对于华盛顿州青年律师威廉·盖茨一家人来说，这一天却格外让他们激动难安，他们满怀忐忑和期盼地在西雅图市的“瑞典人医院”里等待着。晚上 9 点的钟声刚过，产房里传出了一声响亮的婴儿啼哭声。这一家人顿时沸腾了，威廉和玛丽·盖茨的第二个孩子出生了。

毫无疑问，这个刚出生的孩子作为威廉和玛丽·盖茨家的第一个男婴，一家人不但对他充满了无限的爱怜，而且也寄予了殷切的希望。他们给这个孩子取名叫作威廉·亨利·盖茨第三，与他的父亲是同一个名字。事实上，在古老的盖茨家族里，直到这个刚出生的孩子，“威廉·亨利”这个名字已经是被第四次使用了。可是，这个家庭的长辈们为了表达对这个孩子的疼爱，仍然给

他取名“威廉·亨利·盖茨第三”。为了和孩子的父亲区分开来，他们还给这个婴儿取了一个名字叫“比尔”。在这个孩子以后的人生中，“比尔”这个名字被用得越来越频繁，也被越来越多的人所熟悉，并且因为这个孩子日后所取得的一系列令人瞩目的成就，“比尔·盖茨”也由此成为一个世人皆知的名字。

也许，在见到孩子的那一刻，盖茨和马克斯韦尔两个家族的长辈们对这个瘦小婴儿的未来并不敢有太多的奢望。可是令他们当时不曾料及的是，这个孩子所取得的成就非但是这两个家族的前辈们想都不敢想的，而且他所创立的公司也超过美国历史上的任何一家公司。这两个家族都是标准的中产阶级家庭，虽然还没有出现过那种名垂青史的贵人，但是他们都有着非同一般的经历。如果我们翻开这两个家族的创业史，就会发现他们有着一个共同的特征，那就是他们都始终怀着一种不甘平庸的进取精神。而在小比尔柔弱的躯体里，流淌着的正是盖茨家族和马克斯韦尔家族的这种热血，它也注定了这个孩子将来不会安于生活的现状。事实上，这种进取精神在比尔·盖茨的身上被发挥到了极致。

盖茨家族并非世代居住在西雅图，到比尔·盖茨出生的时候才算是第四代。比尔的曾祖父威廉·亨利·盖茨原本是宾夕法尼亚人，在19世纪的80年代来到西雅图。当时的西雅图根本算不上一座像样的城市，每条街道的两旁还都挤满了油漆涂刷过的木质建筑，这也为当地居民的生命和财产安全留下了隐患。在1889年的一天，一个油漆工人在工作的时候一不小心弄翻了熬胶锅，瞬间引起了大火。借着风势，大火迅速席卷整条大街，这座年轻的城市建立还不到40年，就遭遇了一次灭顶之灾。在漫天的火海里，无数民宅一时间灰飞烟灭。

此时，年轻的威廉·亨利·盖茨正在帮人做运送货物的营生，这个古道热肠的小伙子驾着自己的马车一下子救了很多人的生命。从这场火灾中，我们也不难看到盖茨家族品格中闪光的一面。经历了这次事件之后，威廉·亨利·盖茨的内心深处留下了一道浓厚的阴影，以至于日后他在每次安顿家庭的时候，都不得不对这一类的意外风险多一些顾忌。虽然关于盖茨家族历史的记录不是太多，但是我们可以明显地感觉到，比尔·盖茨的前辈们都有着一颗不甘平庸的心。毁灭性的西雅图大火固然让老威廉·亨利·盖茨心有余悸，但是他并没有因此而停下人生奋斗的脚步。

1897年，有人在阿拉斯加发现黄金的消息不胫而走，很快美国各地就掀起了一场盛极一时的“淘金热”，老威廉·亨利·盖茨也加入到了淘金者的行列中来。这一年，他带着自己的妻子和三个儿子来到了天寒地冻的阿拉斯加，并在一个叫诺姆的地方安了家。或许当年的老威廉·亨利·盖茨带着一家老小来到阿拉斯加，真的是为了淘到金子。也许是因为听到了太多的淘金者的悲惨故事，也许是因为看到了其他的商机，老威廉·亨利·盖茨最终没有成为一个淘金者，而是选择了开一家家具公司，向那些不远千里而来的淘金者出售家具。事实证明，老威廉·亨利·盖茨的选择是极其明智的，他非但不用像淘金者们那样饱受严寒和劳苦，而且不出家门就能够获得可观的收入。

随着大批淘金者的到来，老威廉·亨利·盖茨的家具生意也蒸蒸日上。只是阿拉斯加并不是理想的久居之地，而且随着淘金热的降温，老盖茨的家具生意也在渐渐冷清。大约在第一次世界大战的时候，盖茨一家人就迁居到了华盛顿州的布雷默顿，继续从事家具买卖。在这里，老威廉·亨利·盖茨与人又合作经营了一家更大规模的家具公司——美国家具公司，最开始经营的主要是二手家具，后来也从事新家具的买卖。

比尔·盖茨的祖父名叫威尔·盖茨，虽然是子承父业，但是他有着极为强烈的创业精神，8岁的时候就卖过报纸。值得一说的是，威尔·盖茨是这个家族中最具有领袖气质的成员，他热爱交际，很受周围人的尊敬和爱戴。对于当地人举办的每个俱乐部，他都欣然参加，在当地颇具影响力。1925年，威尔·盖茨有了自己的儿子，他给儿子取名威廉·亨利·盖茨第三，这就是比尔·盖茨的父亲。

威廉·盖茨非常聪明，他的身上遗传了这个家族的经商天赋。在他还是个孩子的时候，他就和邻居家的孩子创办了一份报纸，刊登各类广告和体育栏目。因为他们报道的消息准确而及时，所以受到了当地人的喜爱。第二次世界大战爆发后，威廉·盖茨和许多同龄人一起参了军。在战争结束之后，他又考入了华盛顿大学，进入法律专业学习。年轻时的威廉·盖茨不但身材高大、

气质甚佳，而且热情谦逊，在同学中间很有人缘。在大学期间，威廉·盖茨不仅学到很多法律知识，而且也结识了后来的妻子玛丽·马克斯韦尔。大学毕业之后，威廉·盖茨没有子承父业，而是选择做了律师，并在这一行业里取得了让人景仰的成就，还担任过华盛顿州律师协会主席等重要社会职务。

相比于盖茨家族来说，马克斯韦尔家族有着更为辉煌的家族史。比尔·盖茨的外曾祖父詹姆斯·威拉德·马克斯韦尔是一位物理学家的儿子，有着丰富的金融经验和强烈的冒险精神。他刚到美国西部的时候，还是一个不名一文的年轻人。可是，他却通过自己的艰苦奋斗，一步一步从银行里的普通听差做到了柜台助理，并进而跻身于当地上流社会的交际圈。1892 年，詹姆斯·威拉德·马克斯韦尔带着家人在华盛顿州定居，并创办了美国交易银行。毫无疑问，这个物理学家的儿子，不仅有着睿智的头脑，也有着非同寻常的交际能力，这些能力使他在美国西部的上流社会游刃有余。凭借着过人的天分和积极进取的精神，詹姆斯·威德拉·马克斯韦尔不仅在生意场上获得了巨大成功，还在政坛上大显身手，并曾做过两届南本德市的市长和一届州立法委员会的议员。

1906年，詹姆斯·威德拉·马克斯韦尔又携家人迁居西雅图，并在这里创办了美国城市银行。值得一提的是，此时的西雅图已经今非昔比，南来北往的淘金者和冒险家都齐聚这里。再加上20世纪初美国经济的腾飞，使得这个年轻的西部城市逐渐成长为一座现代化的都市。老马克斯韦尔之所以选择定居西雅图，很大程度上也正是因为他看中了那些淘金者所带来的巨额财富。不出其所料，美国城市银行的创办是非常成功的，在当时的全美国也有一定的知名度，这直接奠定了詹姆斯·威拉德·马克斯韦尔在金融界的崇高威望。

比尔·盖茨的外祖父小詹姆斯·威拉德·马克斯韦尔也是一个见识卓越的人物，在他的身上可以看到当年他父亲的影子。在华盛顿大学求学期间，小马克斯韦尔认识了未来的妻子艾德莱·汤普林。这是一位了不起的女士，年轻时的艾德莱可谓是华盛顿大学的风云人物。她不仅担任过校篮球队的主力前锋，而且后来还被选为毕业生代表。此外，她学识渊博，才思敏捷，在教育子女方面很有一套办法，她对比尔·盖茨童年的成长是非常重要的。虽然小詹姆斯·威拉德·马克斯韦尔算得上是一个名副其实的“富二代”，但是他并没有那种纨绔子弟作风。毕业后，他没有直接进入银行的管理层，而是在父亲的银行里做了一名普通的信差。也像他的父亲当年一样，从信差一步一步做到银行高管。从这里我们也不难看出，小詹姆斯·威拉德·马克斯韦尔的征服欲和事业心一点也不比他的父亲差。后来，他又与别人合伙经营了太平洋国民银行，这家银行一度成为美国的第九大银行。

多年之后，小詹姆斯·威拉德·马克斯韦尔为他的后代留下了一笔数目可观的托管基金。凭借着这笔财产，比尔·盖茨完全可以不用经受任何劳苦，就能过上体面的中产阶级生活。尤为值得一提的是，这位老人还有着颇为独到的眼光。在比尔·盖茨刚刚 5 岁的时候，他就曾对人预言说：“未来必将是计算机时代。”当威廉和玛丽因为儿子把大量的时间花在计算机上而忧心忡忡的时候，这位外祖父却对外孙的所作所为非常支持，只是告诉他要目光长远。更为难得的是，当比尔·盖茨决定退学创办自己公司的时候，很多人都对此举表示反对，只有这位老人最先表示了认可和支持。

比尔·盖茨的母亲玛丽也继承了马克斯韦尔家族的优秀基因，年轻时的她不但人长得漂亮，而且非常活跃，并在学校举行的女子滑雪比赛中获得过冠军。另外，在华盛顿大学求学期间，她还担任过学生联合会秘书以及女生联谊会的会长。大学毕业之后，玛丽·马克斯韦尔成为布雷默顿中学的一名教师，第二年她又转到了西雅图教书。1951 年，玛丽·马克斯韦尔和威廉·盖茨结了婚。值得一说的是，这对年轻的夫妇可谓是郎才女貌，在人生追求的很多方面都有着较为一致的选择。他们都是交际能力极强，而且热衷于各种社会活动，有着相当高的社会地位。毫无疑问，马克斯韦尔家的资本也为他们提供了很多接触上层人士的机会。在各类社交场合和政治集会当中，他们的卓越表现常常能够引起人们的关注，在西雅图社会各界赢得了不错的声誉。而这一切，也为他们的儿子比尔·盖茨日后的事业提供了帮助。

我们不难发现，相比于那些名震一时的豪门望族来说，盖茨家族和马克斯韦尔家族，都很难

说得上是大富大贵。但是，这两个家族的前辈们从来都不甘于平庸的生活，也没有像周围的人那样安于现状。在他们的日常生活中，总能够让人感受到那种积极的人生态度。如果说当年的威廉·亨利·盖茨不前往环境艰险的阿拉斯加，如果说当年的詹姆斯·威德拉·马克斯韦尔不离开物理学家父亲的庇护，如果……那么，他们和他们的后代恐怕都不会有后来的那些机遇。当然，生活中不会有那么多的“如果”。其实，在每个人面对生活的时候，总有着一种本能的力量在推动着他们做出这样或那样的选择。只是对于盖茨和马克斯韦尔家族来说，那种不甘平庸的本性已经化为一种不可或缺的基因，融入了他们的血液里，绵延不绝地传递着一种强悍的生命力量。

作为这两个家族的后代，比尔·盖茨确实不需要过多地为生活发愁。在他刚出生的时候，就有着一笔 100 万美元的托管基金和一套价值 90 万美元的公寓在等待着他。我们想要说的是，比尔·盖茨从他的前辈们那里所继承来的最有价值的财富，绝对不是这笔可以让他衣食无忧的财产，而是那种永远不会安于现状的精神力量。盖茨家族的冒险精神和马克斯韦尔家族的商业智慧，在比尔·盖茨的身上被有效地继承下来，并被发挥到了极致。多年之后，当我们看到比尔·盖茨在商场上叱咤风云的时候，总是能隐隐地看到他的前辈的影子。从不向困难低头，绝不向对手认输，一次次向未来发起挑战，这些精神品质，使比尔·盖茨在商场上所向披靡，也成就了他那辉煌的微软帝国。

生长在这样一个家庭里，显然是上天对比尔·盖茨的一个最大的馈赠，同时也注定了他日后要承担更多的社会责任。从他的曾祖父、外曾祖父那一代起，他的前辈们就千方百计地要融入这个社会的主流中去，并常常在关键的时候救助他人。到了比尔的父母这一代时，他们对社会公共事务更是热心，这也给比尔带来了不容忽视的影响。后来，在对别人讲述起自己的家庭教育时，比尔·盖茨曾这样说道："在父母的影响下，我对一些公共事务比较关心。此外，每逢政治竞选之类的大事，我都像父母那样非常感兴趣，而且乐意参与其中。"可以说，在比尔·盖茨成长的过程中，他时时都在从自己前辈那里汲取着养分。

在比尔·盖茨功成名就之后，曾有很多人来

采访他的父亲威廉·盖茨，试图探究这位父亲在儿子成功的道路上，都给了他哪些值得人们关注的建议和忠告。威廉·盖茨谦虚地笑了笑，说道："我们只是让他做事规矩些，把衣服放好，把牙刷好了等。说实话，我还真想不出什么时候给过他正式的建议和忠告。总的说来，是他本人造就了自己。"也许真的如这位父亲所说的那样，比尔没有从他那里得到过什么"正式的建议和忠告"。

可是，有一点是不容置疑的，那就是这个家族的每位长辈都以不同的方式给了比尔·盖茨以积极的影响。比尔曾经这样对人说："从我父亲身上我看到自己未来家庭的模式。我们一家人总是相互沟通，一起生活。"很多人关注比尔·盖茨的时候，都能清晰地发现，他在人生道路上的种种卓越的表现，与这个家族的每位前辈都有着密不可分的关系。其实，也正是因为生长在这样一个家庭里，比尔那强烈的个性才能得到健全的发展。

一个与众不同的孩子

从幼年的比尔·盖茨身上，我们就经常能够看到一些普通孩子所不具备的个性特征。他的思维是那样的敏捷，精力是那样的旺盛，似乎从来都不知道疲倦，在行事上往往又是那样刁钻任性。谁也说不清在他那看似寻常的大脑里，到底隐藏了多少令人匪夷所思的想法。可贵的是，他的这些行为既不是那种聪明孩子惯有的恶作剧，也不是来自对他人的刻意模仿，而是始于一种本能，是一种积极对待生命的力量。也正是因为这种力量，比尔·盖茨在很多时候都显示出了与众不同的一面。此外，也是得益于家庭的引导，比尔·盖茨的那些天分非但没有被抹杀，还得到了健全的发展。其实，即便是在具有精英意识的玛丽和威廉·盖茨看来，这个儿子还是带给了他们太多的惊讶。

多年之后，当玛丽·盖茨再次谈到自己儿子的时候，曾不无骄傲地说："比尔从小就不是一个平庸的乖乖仔，他有自己的抱负和志向，即便还是一个小孩的时候，他就有一种执着的性格和想成为人中之杰的强烈欲望；他的进取精神在整个年级是最强的，没有一个同学能比得上他：不管什么事，他只要一参与，非争个天下第一不可，不到极致，他绝不甘心。"看着儿子的辉煌成就，这位伟大的母亲当然充满了无限的欣慰。

可是，在多年含辛茹苦的抚养中，这个不平凡的儿子在让她感到欣慰的同时，也给她带来了很多忧心和烦恼。因为他是比尔·盖茨，一个那样与众不同的孩子。

凡是跟比尔·盖茨有过接触的人，都会被他身上所蕴藏的那种旺盛的精力所感染。这并不奇怪，甚至在比尔·盖茨还是个婴儿的时候，他的精力之旺盛就令周围的人大为惊讶。在摇篮里的时候，小比尔从来都不像其他婴儿那样安静地享受睡眠。他总是在不停地来回乱动，甚至可以一个人把自己的小摇篮一连晃动几个小时。当他再大一些的时候，便学会了骑木马，一骑上木马就会不知疲倦地摇晃两三个小时。不仅如此，他还会拿着一根小绳子做马鞭，去寻找那种驰骋疆场的体验。如今看来，这一切似乎都成了比尔·盖茨日后成功的先兆。事实也并非完全如此，因为每个孩子的身上都会带着或这样或那样的优点，只是这些优点在其成长的过程中往往会由于种种原因而日渐消失。

比尔·盖茨在人生道路上的一次次成功，都离不开他家庭中其他成员的悉心引导。尤其是外祖母艾德莱·马克斯韦尔和母亲玛丽·盖茨，对比尔·盖茨的影响都是极为深远的。比尔·盖茨一个莫大的幸运，就是上帝给他了一个既和气融融又富有精英理念的家庭。智力游戏是盖茨家中的一项重要的日常活动，从棋类游戏到各种拼图比赛，甚至连每顿饭后由谁来洗碗都要靠玩“石头剪刀布”来决定。这种益智游戏不仅开发了孩子们的智力，还激发了他们的竞争天性。比尔的外祖母艾德莱·马克斯韦尔更是精于此道。我们前面也说过，这位老人可不一般，她年轻的时候就在大学的校园里大出风头，有着过人的学识。老人非常喜欢打牌、下棋等益智游戏，当然也非常明白这些益智游戏对于孩子智力开发的重要性。

在比尔四五岁的时候，外祖母就教他下跳棋、玩筹码、打桥牌等。下棋的时候，如果碰到难解的一步棋，这位老人就会鼓励自己的外孙“使劲想！再使劲想”。每当比尔想出了一步好棋时，这位老人就会拍手叫好。如果想到最后还是没有想出来的话，她就会亲切地抚摸着比尔的头，温和地对他说：“你还没有长大，等你长大了，就可以找到答案。”通过这样一种方式，外祖母不仅培养了小比尔的智力，而且更进一步地激发了他对成长的渴望。

不仅如此，外祖母还把比尔带入了书籍的世界，她常常念书给自己的小外孙听，有时还会给他讲些有趣的故事。在外祖母的引导和教育下，小比尔经常参加社区附近图书馆举行的阅读竞赛，并一次次取得了很好的名次。我们甚至不免这样揣测，比尔·盖茨平日里那种废寝忘食的读书习惯，未尝不与这位老人的引导有着莫大关系。甚至这祖孙二人在公园散步的时候，他们还在兴致勃勃地交流着下棋技巧或读书的心得。也正是在这种教育模式的激励下，比尔·盖茨对于人生很早就比周围的小朋友充满了更多的期待，这种期待强化了他探索未来世界的勇气。

比尔·盖茨的母亲玛丽也不是一个普通的家庭妇女，她有着自己的事业以及在上流社会的交际圈子，后来还一度出任华盛顿大学的系主任和IBM公司的董事。可是，这些工作上的事务并没有妨碍她拥有和家人在一起的幸福时光，从事教育工作的她太明白孩子教育的重要性了。一有时间，玛丽就和孩子们在一起，并以自己的言传身教来感化子女。要是去参加什么重要的社会活动，她和丈夫都会尽可能地带上孩子们。因而她既没有因为工作而耽误了对孩子们的教育，也没有因为孩子而错过各类社会活动。在比尔三四岁的时候，玛丽·盖茨参加过一项社区志愿者服务。她在西雅图历史和发展博物馆里做业余讲解员，有时候还要到各地的学校里，去为那里的学生讲解当地的文化和历史。每次出门的时候，这位年轻的母亲都会带上自己的儿子。当玛丽在讲台上讲解的时候，比尔就坐在最前排听讲。虽然他有时也会不停地乱动，但是那表情格外专注，俨然是一个听话的小学生。小比尔的这种优秀表现，不但让站在讲台上的母亲感到欣慰，而且也感到非常惊讶。

正是因为这种得天独厚的家庭教育，比尔在智力和人格的成长中都显示了早熟的一面。他的小学老师哈泽尔·卡尔森曾经这样不无感慨地说："盖茨懂得许多事情。他的智商在 160170 之间，是我遇到的较高智商的孩子。"事实上，这位老师还是低估了比尔·盖茨的智商，根据后来的测试结果，比尔·盖茨的实际智商是 220。与智力年龄相反的是，比尔的自然年龄却显得那样小。从开始上学的那一天起，他一直都是班级里年纪最小的那个。再加上他的身材比同龄人瘦小，性格又非常腼腆，长着一副似乎永远也不会衰老的娃娃脸。这与他果敢凌厉的竞争天性形成了鲜明的对比，往往会让对手产生错觉。

比尔·盖茨的智商固然高得惊人，但是仅凭这一点，显然还不足以成就他那不可一世的商业帝国。后来，有很多人都发现，在比尔·盖茨的身上蕴藏着一种极其强烈的自觉意识，这使他很少为其他人所左右。在他还是个孩子的时候，就已经表现出了那种强烈的领袖欲。每次和小伙伴们一起玩耍的时候，比尔必定是那个发号施令的人。否则，他宁愿退出，自己一个人玩。显然，这种强烈的领袖欲念，正是始于他那凡事都争做第一的人生意志。他对自己要做的事情是那样认真，和周围的孩子比起来，他总是显得出类拔萃。

多年以后，卡尔·埃德蒙德在谈到比尔·盖茨的时候，曾这样描述自己这位儿时好友：“即使在当时，他也是非常怪异、与众不同的人。”卡尔的父亲是西雅图著名的心脏科医生，与盖茨一家是极为要好的邻居，卡尔和比尔是不折不扣的发小。对于比尔做事情的态度，卡尔是发自心底里佩服的，他曾对人这样赞赏比尔：“任何事情，不管是演奏乐器，还是写作文，除非不做，否则他都会倾其全力并花上所有的时间来完成。”卡尔至今还清晰地记得，四年级的时候，有一次老师给他们布置了一篇关于人体特殊作用的作文，要求只写四五页就可以了，可是比尔却写了 30 多页。还有一次，老师让写一篇 20 页左右的故事，可比尔硬是洋洋洒洒地写了 100 页之多。

比尔·盖茨的这种行事风格，给他的那些小伙伴们留下了深刻的印象。对于他的小学同学汤姆·克鲁索来说，有件事情可能是他一生都不会忘记的。那是在四年级的时候，学校里要举行一场大型的演讲比赛，综合条件非常优秀的汤姆理所当然地被选为本班的代表。可是，让老师意想不到的是，汤姆却有一个致命的缺陷，就是信心不足。尤其是在大庭广众之下的时候，他甚至连嘴都张不开。这不但让老师感到有些失望，而且也很是为难。比尔一见老师失望的表情，心里就觉得很是不平，他既想为自己的好朋友争口气，同时也很想得到这次表现的机会。于是，他就向老师主动请缨，愿意代表班级去参加比赛。老师当然知道比尔很优秀，可是看到他那瘦小的身板，再加上平日里腼腆的性格，心中很是不踏实。

比尔似乎看出了老师的心理，就向老师保证

说：“老师，请您相信我，我一定会取得第一名的，我向您保证！”老师也许是被比尔那强烈的信心打动了，就答应了比尔的请求。果然，比尔没有让老师和同学们失望，他以自己的优秀表现征服了评委，还获得了一个铜质奖杯。其实，汤姆在能力方面并不逊于比尔，只是他缺少那种勇于挑战的天性。多年以后，当他一次次在电视上看到比尔·盖茨的身影时，仍不无黯然地对妻子说：“在小学的时候，他真的不如我啊！”

聪明过人而且从来都不会安分，这种性格特征注定了小时候的比尔·盖茨是一个“麻烦孩子”。冒险是比尔的一大爱好，他在这方面还有一个志同道合的好朋友，就是鲍勃·杰克逊。两个孩子一放学就凑在一起，制造出一幕幕恶作剧。有一次学校组织学生去当地的博物馆参观，这里原来是一处英国移民遗留的城堡，后来被当地政府部门接管，并改建成了一座博物馆。这个城堡的顶层是很少有人去的，因为据说有人在上面见过鬼，人们甚至晚上都不敢从城堡跟前经过。这种离奇的传闻，一下子激起了比尔和鲍勃的好奇心。

当大家在参观的时候，他们趁管理员不注

意，溜到了顶层，想看看传说中的鬼到底是什么样子。当他们惴惴不安地爬到顶层的时候，结果除了到处堆积的杂物，什么都没有看到。鲍勃感到非常失望，不住地抱怨，而比尔却非常高兴。他是这样对自己的朋友说的："我没有什么可抱怨的，这证实了我以前的一个观点，那就是世界上没有什么鬼魂，那些东西都是大人用来吓唬我们的。"从这件事情中，我们也可以看出比尔天性中可贵的一面，他的冒险行为并不像他的同学那样只是一味地寻求精神上的刺激，而是带有理性的目的。

对于聪明的比尔来说，功课从来都算不上什么问题，他常常以最快的速度把所有的作业完成，然后去做自己喜欢做的事情。老师发现这一点后，为了防止这个好动的孩子再搞出一些恶作剧，就想让他去图书馆帮忙。于是，比尔的老师就找到了图书馆的管理员，说了自己的想法，管理员欣然同意。当时的图书馆里还没有使用计算机，对于图书管理人员来说，整理图书是一项极为烦琐的工作，不是图书放错了地方，就是许多借出去的书不能如期归还。可是，让自己的老师和图书管理员都没有想到的是，就是这样一项烦琐的事务，在比尔看来却像侦探工作一样好玩儿。只一会儿的工夫，他就找出了三本放错位置的图书，顿时兴趣大增。在图书馆里忙了一天，他非但没有觉得厌倦，反而还上了瘾。直到图书馆关门的时候，他才恋恋不舍地离去。到了第二天，比尔再来图书馆帮忙时，竟然主动要求留下来做长期志愿服务，这让图书管理员简直是惊喜过望。就这样，比尔在图书馆里紧张而愉快地度过了两三个星期。

有一天，比尔来图书馆的时候，带给了管理员一份到家中做客的邀请函，管理员愉快地接受了邀请。下班后，管理员来到比尔的家里，和比尔的家人共享了一顿快乐的晚餐。晚餐结束后，就在图书管理员要离开的时候，比尔的母亲告诉她说，再过些天他们一家就要搬到一个新的社区了，以后比尔恐怕不能再到图书馆工作了。此时，旁边的比尔却不无感伤地说：“谁来找那些不见了的书呢?”图书管理员听到比尔的话，非常感动。也许在不少人看来，这只是一件小得不能再小的事情了，它却最为真实地体现了比尔·盖茨对事情的认真态度。

对于自己所参与的每件事情，比尔都倾注了

极高的热情。不做则已，一做就要做到极致，这也成了比尔·盖茨一贯的行事风格。在比尔读小学六年级的时候，母亲曾带他参加了一个当代俱乐部，很多聪明的孩子都跟着他们的父母来到这里。孩子们坐在一起谈论着自己读过的书籍以及将来所要做的事情。这个俱乐部还安排了一个很有意思的活动，它要求每个小朋友起草一份报告书，比尔为自己的报告书取的名字是《为盖茨股份有限公司投资》。在大人们看来，这也许不过是一场游戏活动罢了，可比尔却做得非常认真，甚至发动了全家人来帮忙，最后还让外祖母为自己的报告书设计了一个有模有样的封面。

其实，很多时候，比尔在各类活动中的积极表现，并不是为了获得某种物质上的奖励，而是为了享受那种挑战带来的成就感。有一次，学校里的牧师为了激发孩子们对宗教的兴趣，就从《圣经》中找出了一大段枯燥难记的文字，并激励大家说："谁要是能一字不差地背诵这篇文章，就可以免费参加在太空针塔餐厅举行的就餐聚会。"对于大多数孩子来说，这无疑是一个非常诱人的奖励。可是，在比尔看来，最具诱惑的不是这顿美餐，而是那种在竞争中拔得头筹的优越感。虽然他的父母不止一次地带他来过这家餐厅就餐，但他还是花费了很大的功夫，最终一字不差地背下了整段文字。

从很大程度上来说，比尔·盖茨身上的那种王者风范既和他那不甘平庸的天性有关，也得益于日常生活的培养。即便是在日后残酷的商场竞争中，比尔·盖茨也从来都是率先发起进攻的那一方。他永远不会满足于现状，似乎这个世界上没有什么事情是他做不到的，这种气势常让他的对手心生畏惧。事实上，在比尔·盖茨一生的奋斗历程中，最能激励他的不是银行账户里的惊人数字，而是那种改变人类世界，并引领整个计算机行业的豪情。

特立独行的思考者

对比尔·盖茨的童年生活有所了解的人都知道，虽然这个智商惊人的孩子经常会惹下一些不可思议的麻烦，但他绝不是那种一味搞恶作剧的顽童。8 岁以后的比尔·盖茨表现出了一个非常明显的特点，只要是他自己喜欢做的事情，他都能做得有条有理。与周围的同龄孩子相比，他的思维方式显得过于早熟。在他那看似幼稚的脑袋里，很早就装进了许多与其年龄极不相称的想法。

小小年纪的比尔，还拥有一个最了不起的优点，那就是酷爱读书。不过，他所迷恋的并不是普通孩子所喜爱的连环画、卡通画之类的东西。一开始阅读，他翻开的就是那些成人书籍。当别的孩子们都在兴奋地阅读儿童书时，7 岁的比尔却一个人坐在那里津津有味地翻阅着那本厚厚的《世界图书百科全书》。到了 8 岁的时候，他已经断断续续地把这本书读了一遍。当其他孩子在嬉戏玩耍的时候，比尔却把自己关在父亲的书房里，尽情地翻阅着父亲的每本藏书。也许当时在周围的大人看来，这个聪明好学的孩子将来很可能会成为一个举世闻名的大学问家。事实上，这是不大可能的，比尔·盖茨一生下来，他的身上就携带了他的前辈们那种理性却又不无冒险精神的基因，这也注定了他一生都不会沉湎于书斋，去做某种单一的学问。

小时候的比尔·盖茨是个“左撇子”神童，他极为擅长数学，对自然科学，尤其是对未来社会的高新科技有着浓厚的兴致。1962 年，以“21 世纪”为主题的世界博览会在西雅图举行，这可

以说是比尔·盖茨童年岁月中的一件大事。他怀着强烈的好奇心在一个又一个展馆里流连，是那样如痴如醉。我们无法知道，当时年仅7岁的比尔·盖茨对那一幕幕未来的图景会做何感想，但是从他后来的人生轨迹可以看出，他正是在为实现一个充满科幻色彩的世界而奋斗着。在对未来进行构想的时候，比尔·盖茨可以说是一个不折不扣的幻想家，他的头脑里也从来不缺乏对科技的奇妙幻想。比尔·盖茨的兴趣是极其广泛的，不但是自然科学书籍，就是那些文学作品和名人传记也同样能引起他强烈的阅读兴趣。与周围的同龄人相比，他在知识积累上是遥遥领先的。

另外，见多识广的盖茨夫妇也从来没有把比尔当作一个书呆子来培养，他们很早就教会了比尔不少商业领域的知识。盖茨家族和马克斯韦尔家族的经商天分在比尔·盖茨的身上早早地就发生了作用，他不但热衷于生意上的事务，而且也非常喜爱阅读这方面的书籍。因此在比尔很小的时候，他就喜欢用商业逻辑来思考问题。有一次，他看上了姐姐的棒球手套，便以5美元的价格从姐姐那里购得了这副手套的绝对使用权。为了不让姐姐反悔，他还和姐姐签订了一份非常正式的合约，这可能是比尔·盖茨人生当中最早的一份商业合同了。小小年纪的他就懂得用签合同的方式来维护自己的权利，着实让人觉得不可思议。

过早成熟的思维模式以及丰富的知识，使得比尔无法像一般的孩子那样悠闲地享受着烂漫的童年时光。当其他孩子还在无所顾忌地玩耍的时候，比尔就开始在心中默默地盘算："将来我要做些什么呢?"当他和小时候最要好的朋友卡尔·埃德蒙德在一起玩耍的时候，两个人可能会把单车骑得一样飞快，但是卡尔可能不大明白他的这位好朋友到底在想什么。因而多年之后，当卡尔·埃德蒙德对人谈起小时候的比尔·盖茨时，他只能用"怪异"或"与众不同"这些词来形容这位发小。

卡尔·埃德蒙德记得有一次，比尔郑重其事地对他说："与其做一株绿洲中的小草，还不如做一棵秃丘上的橡树。因为小草千篇一律，毫无个性，而橡树高大挺拔，昂首天穹。"卡尔记不得当自己听完这样一席话的时候，是诧异地张着嘴，还是哈哈一笑，反正他并不曾多想。只是当他后来看到比尔·盖茨所取得的那辉煌的成就时，再想想当初的话，才明白了比尔那严肃的人生态度。对于这些儿时的朋友们来说，比尔·盖茨确实太难以让人理解了。他只有在自己的日记里这样倾诉衷肠：“人生是一次盛大的赴约，对于一个人来说，一生中最重要的事情莫过于信守由人类理智所提出的那种至高的诺言。”

在很多人看来，“人生”都是一个太过抽象的名词。即便是很多成年人，也未必能够真正理解这个词的真谛，更无须说只是一个小学生了。这也许正是很多人为什么不敢轻易去谈论人生的原因吧。不谈论也许算不上什么过错，可是如果一个人对“人生”这个词没有一番自己的理解的话，恐怕他就很难会有一番作为了。当比尔对人生发出一番感慨的时候，他肯定不止一次地思考过自己到底该做些什么。他曾经这样说：“也许，人的生命是一场正在焚烧的‘火灾’，一个人所能去做的就是竭尽全力在这场‘火灾’中抢救点什么东西出来。”

可以说，比尔·盖茨童年时期的很多想法，都远远超出了他那个年龄的孩子所思考的范围，这也使他显得与周围的小朋友格格不入。在十一二岁的时候，比尔基本不大和周围的孩子交往，常常一个人坐在那里独自发呆，一坐就是好几个小时。这使得他的父母非常担心，甚至还一度带他去看心理医生。事实上，比尔是一个心理非常健康的孩子，他只不过是花费了太多的时间来思考人生。他如此之多地关注自己的未来，以至于他忽视了周围的人。尤其是在六年级的时候，他常常为了生活中的一些事情，与母亲大吵大闹。这一度使他和母亲的关系变得非常紧张，也让他的母亲很是头疼。

有一次，母亲叫他下楼吃饭，喊了很多遍，他还是把自己关在房间里不出来。最后，母亲不得不拿出对讲机来问他："你在做什么？"比尔非常生气地大嚷道："我在思考。"

"你在思考？"玛丽·盖茨对儿子的话感到不可思议。

"是的，妈妈，我在思考。"比尔很不满地回答道。而后，他又反过来质问母亲道："你有过思考吗？"

经过这一系列的事情后，玛丽考虑再三，最后还是决定带儿子去看心理医生。令她没有想到的是，比尔不但十分乐意和心理医生交往，而且还喜欢上了心理学。在接受心理辅导的这一年

里，比尔不但缓和了与母亲的关系，而且还学习了很多心理学方面的理论知识，这让心理医生大为吃惊。到年底的时候，心理医生正式跟玛丽进行了一次谈话，并给她提建议说："你最好调整一下方法，想要让他服输是没用的。"

这一年夏天，比尔参加了一个童子军拉练的夏令营活动，活动的内容是每天行军 8 个小时，在一周时间里走完 60 英里的行程。比尔因为是第一次参加这样的活动，兴奋不已，还特意换上了一双崭新的筒靴。可谁知道，这双靴子竟然不合脚，根本无法适应每天 8 小时的行军。第一天行军结束时，比尔的脚跟已经破了皮，还磨出了水泡。他没吭一声，第二天和大家一样照常行军。靴子里的两只脚像火燎一般痛，可比尔还是咬紧牙关，继续行军。等到晚上脱下靴子的时候，同学都被他的那双脚吓坏了。两只脚又红又肿，水泡磨破的地方还往外渗出了鲜血。

这个时候，教官过来了，看到这番情景，就不住地安慰比尔，并建议他离队休息。谁知比尔坚决不同意，表示自己还能坚持。在他强烈的要求下，教官只好勉强应允。到了第三天早晨，比尔眉头也没有皱一下，只是咬紧了牙，又和大家一起上路了。情况不妙的是，比尔的双脚已经有了发炎的迹象。他们这一天不得不放慢了行军速度，因此很晚才抵达补给站。为了避免伤势的恶化，教官只好以命令的方式通知比尔离队。即便是到了这个时候，比尔竟然还想着要坚持下来，走完下面的路程。只是他不知道，教官已经事先把比尔的情况通知了家长。不大一会儿，盖茨夫妇就驾车来到了补给站，接走了比尔。

曾经有一家美国调查机构，对全国的 188 个公司的老总进行了调查分析。结果发现，在一个人成功的因素中，情商的重要程度是智商的 9 倍。这个观点在比尔·盖茨的身上也得到了印证，过人的智商确实是他的一大优势，可是他的情商也不差。甚至在比尔·盖茨成功的道路上，后者在很多时候表现得更为关键。也正是因为有了情商上的支撑，比尔·盖茨才没有滥用自己的智商。他的思虑之周全，毅力之坚定，是一般人难以企及的。他对未来有着清晰的规划，似乎很早就明白自己想要的是什么，将来要成为什么样的人。

在比尔那看似瘦弱的胸腔里，却怀着一颗无比强大的内心。他的偶像是法国皇帝拿破仑，是美国物理学家费曼，是南非总统曼德拉，还有美国大富豪洛克菲勒。然而，他又从来都没有刻意地去模仿过他们中的任何一个，只是仰慕他们的奋斗精神。他最喜欢的就是大富豪洛克菲勒的那段名言：即使你们把我身上的衣服剥得精光，一个子儿也不剩，然后把我扔在撒哈拉沙漠的中心地带，但只要有两个条件——给我一点时间，并且让一支商队从我身边路过，那么要不了多久，我就会成为一个新的亿万富翁。

第二章
校园里的“问题学生”

在比尔·盖茨的一生中，充满了世人皆知的传奇故事。其中最为人津津乐道的，莫过于他从大名鼎鼎的哈佛大学中途退学，创立了微软公司。的确，少年时期的比尔·盖茨真不能说是个安分的孩子，中学的时候就不断地逃课，大学刚读了两年就匆匆地退了学。从传统的学校教育观念来看，比尔·盖茨应该算得上是一个问题棘手的学生。可是，如果我们真的把比尔·盖茨的辉煌成就与他的这些“问题”扯在一起，那就大错特错了。我们首先必须明白，这个表面上看起来不怎么听话的学生，一直都是一个不折不扣的“学习狂”。在他那智商非凡的大脑里，早早就积累了各个领域的丰富知识。

在很多人的眼里，比尔·盖茨无疑是个幸运

儿，因为他有着非凡的智商，生长在一个条件优越且思想开明的家庭里，很早就找到了自己的人生方向。可是当我们认真了解了这位计算机天才的校园经历的时候，再听听他对学校教育的真知灼见，就会明白他那一系列的叛逆行为都不过是一种表象而已。其实，这个看似长不大的孩子，在对待人生的时候，从来都没有玩世不恭过，他对校园生活也是那样热爱。只是比尔·盖茨拥有了太多的过人之处，这才使他在很多时候成了校园生活中的“另类”。

湖滨中学的“顽劣少年”

在今天的美国著名私立中学——湖滨中学的校园里，赫然矗立着一座气派十足的高楼，这就是大名鼎鼎的艾伦－盖茨科技大厦。这座大厦是由微软公司的两位创始人比尔·盖茨和保罗·艾伦于 1986 年捐建而成的，共耗资 220 万美元。也正是因为这两位誉满全球的亿万富豪曾经在这里就读，湖滨中学因而又被人冠以“微软的摇篮”的美誉。

比尔在顺利地读完小学之后，本来也应该像他的姐姐那样，进入西雅图最好的公立中学——

路斯威尔特中学读书。可是，由于比尔的身板儿过于瘦小，性格又是那样腼腆，他实在太需要人保护了。再加上，这个智商极高的孩子又读了那么多的书，无论是学习兴趣还是学习方式，都与同龄的孩子格格不入。经过慎重的考虑，盖茨夫妇最终把儿子送到了私立的湖滨中学。他们是想等比尔读完了七八年级之后，再让他转回到路斯威尔特中学。

当时的湖滨中学是一所精英化的贵族学校，每年只招收 300 名学生，学费高达 5000 美元。仅凭这一点，就足以令一般的平民子弟望而却步。另外，湖滨中学的校风是极为保守的，学校只招收男生，纪律相当严明。在 20 世纪 60 年代之前，湖滨中学还要求学生在学校里必须穿西服打领带。也就是在这个时候，美国的社会思潮发生了一次大的变革，湖滨中学随之也渐渐开明起来。可是，学校里依然保留着那套近乎残酷的考试制度，有不少学生都是因为考试不及格而被中途淘汰。如果有学生从七年级开始，能通过一次次考试坚持到毕业，他就会被大家称为“职业选手”。

在湖滨中学的校园里，聚集了一大批富有而又聪明的孩子，因而它又被外界称为“天才的学

校”。外界还流传着这样一种说法：进入湖滨中学，即使最笨的孩子也会聪明起来。事实上，最令比尔感兴趣的，不是优美的校园环境，而是这里的学生都很聪明。当母亲告诉他说，湖滨中学“是许多聪明孩子待的地方”的时候，他内心深处的那种竞争天性又被激活了。在他看来，要是能把这些聪明孩子一个个都比下去，那还有什么事情比这更有趣的呢？

毫无疑问，盖茨夫妇的决策是极为明智的，因为他们这个儿子个性实在太鲜明了。即便是在精英云集的湖滨中学，比尔仍旧算得上一个“另类”的学生。他那充满反叛色彩的性格，使得他入校好长一段时间之后，才适应了这里的环境。比尔后来也曾回忆说：“学校管理非常严格。刚去上学那阵子，说句实在话，我真的不喜欢那儿的氛围。”同学们至今还记得比尔·盖茨那时的样子：一张长不大的娃娃脸，永远带着那种让人看不透的纯真，蓬乱的头发像是从来都没有梳理过，头皮屑走到哪儿就带到哪儿，身上还经常会散发出一股难闻的汗臭味儿。此外，与他那瘦小的个子极不相称的，就是他那双让人吃惊的大脚。有名同学曾经这样说：“我们大伙儿都弄不清楚是否只是他的脚在长。”

比尔学习的方法也很特别。他总是根据兴趣来安排自己的学习，在喜欢的课程上狠下功夫。他最喜欢的就是数学课，并在这方面表现出了极高的天分。刚入学那会儿，他被选入了数学优等生班，并在考试中获得了满分 800 分的好成绩，稳居全校第一名。比尔确实聪明过人，即使他时常在课堂上睡觉，也能考出不错的成绩。虽然比尔的性格有些腼腆，但是他有着极强的表现欲。最让他兴奋的，莫过于站在讲台上，向大家解释某道数学难题。他常常一边向大家做着解释，一边用左手拿着粉笔在黑板上乱画。

不过，这名天分奇佳的学生，在数学上也确实下了不少真功夫。还在中学的时候，他就已经开始学习华盛顿大学的高等数学课程。这让他的数学老师很是吃惊。湖滨中学的数学系主任赖特这样评价比尔的数学水平：“他能用一种最简单的方法来解决某个代数或计算机问题，他可以用数学的方法来找到一条处理问题的捷径。我教了这么多年的书，没有见过像他这样的数学奇才。”事实上，比尔不仅喜欢数学，一切带有挑战性的事情都能激发他的热情，因而他的知识面也极为宽广。

不过，在中学期间，比尔那孤僻好斗的个性也暴露得格外突出。他常常一个人独来独往，大家见了他就躲得远远的。曾有同学这样描述比尔：“他很讨人厌，总是很自信，特别爱斗，而且聪明得可怕。人们一想到比尔就觉得他有可能会拿诺贝尔奖，但他一点儿也不懂礼貌。”这些不大友好的评价也许很能说明比尔当时留给大家的印象，大家眼中的这个天才少年，同时也是一个“顽劣少年”。这个时候的比尔正处在青春叛逆期，他那好斗的性格在任何时候都不知收敛。终于有一次，在比尔和他的物理老师格雷·马斯特之间发生了相当激烈的冲突，这次事件后来还演变成了一段广为流传的佳话。

那是在十年级的物理课上，比尔和自己的物理老师格雷·马斯特展开了一场唇枪舌剑的论争。在关于气体膨胀的问题上，师生二人因为意见不合而发生了争执。当时二人的情绪都非常激动，比尔丝毫没有意识到自己是个学生，他当着全班同学的面对着自己的老师大吼大叫。马斯特也不再顾及自己老师的身份，与比尔针锋相对。一时间，两个人都失去了理智，争论得面红耳赤。

多年之后，马斯特老师还一直对此事耿耿于怀。即便是比尔·盖茨后来成为世界首富，格雷·马斯特依然对他嗤之以鼻，逢人便会说比尔·盖茨过去的丑事。他对人说："我之所以做出那么强烈的反应，并非针对那些小事，而是冲着他平素在班上的表现。他是聪明绝顶，但目中无人，是个很讨厌的家伙。现在，他是成了世界首富，但我相信积习难改。也就是说，现在的世界首富是个很讨厌的家伙。"

没过多久，这件事就传到了比尔·盖茨的耳朵里，他非但一点儿也没有生气，反倒是为自己当初顶撞老师的行为而羞愧万分。于是，比尔·盖茨就以非常真诚的语气，给马斯特老师写了一封信，大意是说：以往的事情都是因为自己不懂事，现在自己的脾气已经大大收敛了，希望马斯特老师有时间的话来微软公司参观，并能来家里做客。马斯特老师看到信后，终于释怀了，不得不对昔日的那个"顽劣少年"刮目相看。

在湖滨中学期间，比尔·盖茨不仅获得了丰富的知识，最重要的是，学校的一个重大决定成就了他的一生。20 世纪 60 年代，由美国政府主导的"星球大战计划"拉开了序幕，计算机作为

一种高新科技，也迅速地发展起来。1968 年，湖滨中学为了积极配合国家的科教战略，学校当局做出了一个重大决定——开设计算机课程。在当时的中学教育界，这种事听起来简直是天方夜谭。1946 年第一台计算机被发明的时候，还是一个庞然大物，占地面积达 1000 多平方英尺，里面装有 18000 多个电子管，重量达 30 多吨，但每秒钟只能完成 5000 次运算。即便是到了 60 年代末，计算机离日常生活还很遥远，也只有一些实力雄厚的企业和大学才有能力拥有。

后来，比尔曾这样对人回忆说："你很难想象当时那种计算机是多么昂贵，以至于我们大家都得共用它。用它来办公的效率还是比较低的，我指的是把这些计算机连接上电传打字机。它的打印速度非常缓慢，每秒钟只能打印 10 个字符。"

因此学校当局的这个决议一出台，就立即引起了全校师生的热议。事实上，湖滨中学的经费也极为有限，根本拿不出这笔钱来。学校当局想出的办法就是从附近的数据设备公司租借一台 PDP－10 型计算机。这种计算机与今天的电脑有着很大的区别，人们无法直接操作它，只有通过电传打字机才能与之交流。这也就是说，学校可以不用购买计算机，但是必须购买电传打字机，并通过电话线把它连接到几英里外的 PDP－10 型计算机上。即便如此，这也需要一笔数目不菲的资金。

学校当局迫于无奈，只好由校长出面，求助于由学生家长组成的“母亲俱乐部”。听完学校的决定后，这些深明大义的母亲们欣然同意，随之举行了一场别开生面的拍卖活动，为学校筹来了 3000 美元的教学经费。于是，学校当局就利用这笔钱购置了一台崭新的电传打字机，并在麦格阿利斯特餐厅门前的小办公室里布置了一个上机房。

当这一切安排妥当之后，数学优等生班的斯托克林老师就带着班上的 16 名同学来到了上机房。其实，此时的斯托克林老师对计算机也是知之甚少，他只用了十几分钟的时间就把自己全部的计算机知识教给了大家。至于老师当时都讲了些什么，比尔早就忘记了。他只记得自己初次面对这个奇怪的机器时，心里充满了无限的好奇。当他按照斯托克林老师所说的步骤，试着输入一条简单的指令时，电话线另一端的计算机很快就有了回应。比尔的心一下子就被它俘去了，计算机从此进入了他的世界。

比尔的学习能力极强，不但很快超过了其他同学，而且也超过了自己的老师。斯托克林老师后来曾不无感慨地说：“对于这个新玩意儿，我只是在最初那天比比尔·盖茨了解得多。”湖滨中学的一个决定，很大程度上成就了比尔·盖茨的辉煌人生。每当回想起自己母校的时候，这位世界首富总是不无感激地说：“还在60年代末的西雅图，就让学校使用电脑，这是当时一种令人惊讶的做法，对此，我将永远怀着对学校的感激之情。”此时，为这台机器着魔的还有一个漂亮的男孩子——肯特·伊文斯，他后来成了比尔最为要好的朋友。

虽然当时的湖滨中学为计算机课做了大量的工作，但是始终很难正式开设计算机课程。因为当时的计算机离普通中学教育确实太远了，根本无法找到像样的教材。另外，老师们的计算机知识也非常有限，因而比尔等人只好去硬啃通用电子公司印发的BASIC基础指南的小册子。显然，这是无法满足比尔那“贪婪的”求知欲的，因此他到处搜集有关计算机的各种资料和书籍。一旦找到一本自己没有看过的书，他拿在手里一看就是一整天，这一行为让他的父母很是费解。

我们不得不说，喜欢计算机在当时确实是一个非常奢侈的爱好。由于计算机是学校租来的，而且只有这一个上机房，因此在课外时间上机，比尔等人就不得不向学校缴纳高昂的上机费用。即便如此，比尔还是一有时间就飞快地跑到上机房，在计算机上反复地操作和练习各种程序、指令。比尔·盖茨、肯特·伊文斯还有保罗·艾伦是这里的常客，他们因而也成了最好的朋友，并把这里称作“电传打字机房”。

在这个不大的屋子里，留下了比尔·盖茨太多的青春记忆。他曾这样对人说：“在以后的几年里，我的许多课余时间都是在那儿度过的，有时候我甚至连体育课都不去上，径直到那儿，尽情地遨游在计算机世界里。在那段难忘的时光里，我们几个人进步迅速，掌握了用于 FORTRAN、LISP 及 PDP－10 型计算机的语言，并对它们上面的系统有了一定的了解。”比尔的同学想要找他，那非常简单。因为他只会出现在两个地方，要么在教室，要么就在机房。

毫无疑问，极高的智商加上如痴如醉的学习态度，注定了比尔要比他的同学们更加突出。可

是，要说比尔·盖茨是这个世界上最伟大的计算机天才，他的同学威廉·莫伦特斯是有些不敢苟同的。他曾这样评价比尔·盖茨：“比尔是一个具有超级热情品质的人，在中学的时候，我从未见过有谁比他花在计算机上面的时间更长，我也从未见过有谁能像他那样在一个领域内如此努力和持续地付出。虽然我们那时都还是孩子，可比尔的近乎疯狂的热情仍然无人可比，他的成功理所应当，上帝不会看不见这么执着的一个人。”

在计算机知识上的突飞猛进，给比尔带来了极大的心理优越感。当时有名高年级的同学在操作计算机时遇到了麻烦，于是就拿着一串 25 行的 BASIC 程序去请教老师。可是，老师也是第一次看到这么长的程序，一时间也不知道该如何操作，最后就只好拿着来请教比尔。让他们大为吃惊的是，比尔只是在键盘上“啪啪”敲击了一会儿，就完成了操作。每当谈起这件事的时候，比尔·盖茨都颇有感触地说：“自我探索是非常伟大的，因为你在这个过程中可以培养起自信，而且你能充满信心地说：‘嗨，我对此非常了解。在这点上，我比老师们了解得还要清楚。让我尝试一下是否能掌握更高一级的知识。或许我这个人就擅长干这一行。'”

每次学校举行计算机竞赛，都不会少了比尔·盖茨，湖滨中学里因而也流传了这样一句话：“比尔·盖茨参加计算机竞赛，我们就只能争第二了。”其实，对于比尔·盖茨来说，这种心理优越感只是一种副产品。他对计算机的热爱，是发自内心的，他也从未因为别人羡慕而自我陶醉，而是在不停地探索着。有同学曾这样回忆他说：“他对计算机迷恋到那种程度，可以说共命运同呼吸，以致经常忘记修剪他的指甲。他的指甲有时达到半英寸长也无暇去修剪。从一定意义上说，他完全是一个沉迷者，不管他做什么，他都是那么投入。”

计算机不仅让比尔·盖茨找到了人生的方向，也让他找到了志同道合的朋友。这些朋友中不仅有他早年的伙伴，也有微软公司最早的一批成员。首先就是肯特·伊文斯，他是比尔中学时期最要好的朋友。肯特与比尔的风格截然不同，他是班上最漂亮的男孩儿，不但拥有和比尔一样的过人智商，而且热情开朗。他和比尔一样热爱计算机，并且在这方面极为擅长。其次就要说大名鼎鼎的保罗·艾伦了，他是比尔·盖茨一生当中最重要的朋友。他大比尔两岁，比尔还在低学部的时候，他在高学部，两个人常常共用一台计算机。

在刚认识那会儿，比尔对保罗简直佩服得五体投地，他曾经这样对人讲述他和保罗成为好朋友的经过："他读了 4 倍于我的科幻小说，另外，他还有许多解释自然之奥秘的书，所以，我就问他有关'枪炮工作原理'和'原子反应堆'之类的问题，保罗把这些讲得头头是道。后来，我们经常在一起做数学和物理作业，这就是我们何以会成为朋友的原因。"

在数学和计算机领域的卓越表现，使得年纪不大的比尔·盖茨在湖滨中学的校园里声名大噪，很多高年级的同学都来向他请教，保罗也不例外。不过，保罗向比尔请教的方式很特别，他知道比尔生性好强。于是，一碰到什么难题，他就拿着题来找比尔，并激他说："嘿，我敢打赌你不会做这道题。"毫无疑问，保罗"打赌"一般都是会输的。

与比尔那桀骜不驯的个性不同的是，保罗显得格外地谦逊温和，这也是他和比尔能成为好朋友的一个重要原因。在他们刚认识没多久，比尔就对保罗这样说："我是很好相处的，只要让我拿主意就行。"事实上，在他们日后的交往当中，几乎在每件事务的决策上，都是比尔占据着上风。

在比尔·盖茨所有的朋友中，保罗应该说是对他影响最大的。有一次，比尔·盖茨谈到自己的这位好友时，是这样说的："当我还是少年的时候，保罗·艾伦就教了我许多有关电脑硬件的知识，并鼓励我建立信心专注于处理器。我很幸运，年纪轻轻就有人发现我的兴趣。以往我如此着迷，至今仍是如此。"从很大程度上说，是保罗·艾伦促使比尔·盖茨早早地发现了自己。在日后比尔·盖茨创业生涯中的每一个关口，人们都会看到保罗·艾伦的身影。我们甚至可以这样毫不夸张地说，没有保罗，也就很难有后来的比尔·盖茨。

最年轻的程序员

对于很多人来说，中学时期都是一段最难忘的时光。因为在这个时候，大家或是发现了自己人生的价值和意义，或是找到了志同道合的朋友，甚至是遇到了一生当中最为重要的契机。如果有人问比尔·盖茨他那辉煌事业的起点到底在哪里，显然它既不是在微软刚刚创立那会儿，也不是在哈佛大学的宿舍里，而是在湖滨中学的上机房里。湖滨中学为比尔·盖茨所提供的，不只是计算机这样一种奢侈的爱好，也不只是他进入世界一流大学的机会，而是一个全面发展的空间。虽然当时比尔对计算机如痴如醉，但是他绝对不是那种兴趣单一的孩子。那种不安分的个性以及过早成熟的人生观，使比尔在商业上的天分和兴趣始终都没有窒息过。

说到湖滨中学校园的这段时光，比尔曾不无留恋地说道："有些朋友和我有着共同的爱好和志趣，比如我们都喜欢阅读像《财富》之类的商业杂志。比较有意思的是，那个时候我们在一起编一些公司的名字，然后让别人给我们寄一些刊物。"其实，比尔·盖茨所热衷的绝不是这种糊弄人的小把戏，当他和伊文斯等人在一起阅读《财富》杂志的时候，更多的是在谈论如何征服世界。

这个聪明绝顶的少年，不仅喜欢技术，也很关心技术的应用。很显然，也只有商业才能满足他这样的要求。在比尔对计算机如痴如醉的时候，有一个很现实的问题摆在了他眼前，那就是高昂的上机费用。虽然他不是一个家里缺钱的孩子，可老是从父母那里要钱必然会受到很多的约束。另外，这也不符合比尔那种要强的天性。比尔后来也曾对人这样说："我那时既对技术感兴趣，也对商业感兴趣。二者其实并不矛盾。当我们想获得免费上机的时间时，我们必须学会如何说服他人给我们提供这样的时间。"当然这只是他的一个初衷，而不是最终目的。不过，人生的道路往往就是如此，一旦某个"初衷"被点燃，它往往就一发不可收拾，甚至最终成为一辈子的事业。不管怎么说，当时小小年纪的比尔·盖茨可能连他自己也没有意识到，自己已经摸索到了成功的大门。

一提到比尔·盖茨作为程序员的辉煌履历，肯定会有不少人想到，他 12 岁接触电脑，13 岁开始编写程序。实际上，在比尔编写程序的生涯中，还有很多让人惊讶的故事。斯托克林老师还记得，有一次上机的时候，比尔竟然在计算机上做出了一个死结，结果一次就花去了 30 多美元的上机费，让他很是震惊。最后不知怎么搞的，比尔又跳出了这个死结。1968 年，比尔刚接触计算

机课没有多长时间，就编写出了一个名叫“tick—tack—toe”的游戏程序。这个游戏颇具科幻性，玩家被设置为一个登月的宇航员，游戏是要在宇宙飞船的燃料耗尽前几秒的时间里安全着陆。让人惊讶的是，这个游戏竟不失为一种预言。第二年美国宇航员阿姆斯特朗着陆月球的时候，“阿波罗”号飞船机舱内的燃料确实即将耗尽。

我们不得不说，比尔的成功不仅因为他那种种离奇的想法，还在于他超常的行动能力。正如他所说的那样，“如果一个好的梦想，不采取行动，哪怕你的梦想再宏伟，计划再周详，也只不过是纸上谈兵，竹篮打水一场空罢了”。一旦他有了什么想法，便会马上尽力去实现它，从不为自己找什么借口。

在决定编写程序工作之后，比尔就和他的朋友们成立了“湖滨程序员小组”。他们在课余时间编写了一些程序，然后就给当地的一些计算机公司打电话，推销这些程序。很显然，对于这些还在读中学的孩子来说，那些有实力的公司是不大可能买账的。大多数时候，人家话都懒得多说两句，就“啪”地挂断了电话。可是，比尔和他的伙伴们丝毫没有气馁，仍然坚持不懈地在计算机上编写各种程序，并在程序编写方面积累了丰富的经验。

一个很偶然的机会，比尔和他的朋友们在上机的时候，发现了计算机中心公司的系统里存在病毒，就马上把这些问题记录下来。然后，他们来到了计算机中心公司，自称是“湖滨程序员小组”的成员，要见他们的老板，可以帮助他们解决电脑系统里的病毒。一看是几个稚气未脱的中学生，计算机中心公司的程序员们都乐了，便不怀好意地考问起了他们有关程序编写的知识。比尔丝毫不在意这些程序员嘲讽的表情，滔滔不绝地讲起了软件设计方面的知识。这个时候，一个职员把这件事情告诉了老板维尔茨。维尔茨走出了办公室，但是他并没有直接露面，而是站在远处听了一会儿。他对比尔的表现很是欣赏，转身又回到了办公室，然后让人把比尔等人请了进去。很快，双方就达成了协议，比尔等人可以在晚上公司下班的时候来上机，检查计算机系统里的病毒，留下记录并定期上报。

这样，比尔和他的朋友们不仅获得了免费的上机时间，也接触到了专业的计算机技术人员。当时著名的程序员拉塞尔正是看管他们工作的工程师，后来拉塞尔回忆说：“每当我介入他们的谈话时，他们往往要问我好几个问题，我当然是尽可能地满足他们的要求。我想他们一定从这种谈话中得到了某些十分有用的东西。”此外，比尔他们还结识了大名鼎鼎的加里·基尔代尔博士。当时的比尔·盖茨和加里·基尔代尔可能怎么也不会想到，他们在10年之后竟然成了软件行业里最为强劲的竞争对手。盖茨从对方手里抢走了百年一遇的最佳商机，并从此牢牢地占领了计算机软件市场的制高点，令基尔代尔追悔莫及。

在接下来6个月的时间里，比尔和他的朋友们白天上课，晚上就来计算机中心公司工作。虽然这份工作没有任何金钱上的报酬，但是比尔等人工作得非常卖力。后来，他回忆这段经历时也曾说：“我经常从咖啡渣中找出那些被扔的说明和注释，并且认真研究计算机的操作系统。”正是通过这种披沙拣金的方式，他们不仅发现了计算机系统里所存在的“病毒”，也获得了很多最为原始的程序编写材料。等到工作结束的时候，他们已经整理出了一份长达300多页的《问题报告书》。

可惜的是，没过多久，计算机中心公司还是

因为多种原因破产了，但比尔和保罗的知名度大大提高了。值得一提的是，计算机中心公司的倒闭却成就了比尔的一笔极为成功的商业交易。在这家公司倒闭的时候，比尔悄悄买下了他们的计算机硬盘。可是，没有不透风的墙，保罗竟然发现了这个秘密，还把这个硬盘藏了起来。比尔知道是保罗拿了硬盘，便去向他索要，并威胁说，如果他不归还，就要到法院去告他，保罗最后只好妥协。又过了一些时候，比尔就找到了买家，狠狠地赚了一笔。

八年级这一年，比尔、伊文斯和保罗等人成立了第一家公司，取名叫“逻辑仿真公司”，主要业务是设计课程表等。公司成立之后，他们就向周围的学校发出了广告：“我们应用一种由‘湖滨’设计的独特的课程管理电脑系统。我很荣幸地向贵校推荐这一产品。服务上乘，价格优惠——每个学生收费 22.50 美元。希望有机会进一步与贵方商洽此事。”他们还表示，可以给予前来办理业务的单位九五折优惠。

广告打出去不久，他们就揽到了一项重要业务。俄勒冈州波兰特市的一家咨询科学公司，要为他们的一个客户编写工资发放程序。可是由于缺乏相关经验，他们就想找人帮忙完成这笔业务，结果就找到了比尔等人。因为这个业务非常复杂，而且还会涉及一些商业法规，其他人有些犹豫了。比尔看出了大家的顾虑，便极力说服大家接下这笔业务。

在这家公司工作期间，比尔主要负责法律方面的问题，并学习了工作报表、缴纳税款等很多法律知识。而保罗则整天琢磨着这家公司的那几台 PDP－10 型计算机，程序编写工作主要由另外两名成员来完成。其他几个人觉得这个活不需要太多人，就想把年纪较小的比尔给挤出去。比尔看穿了大家的心思，便不客气地对他们说："听着：如果有一天你们想让我回来的话，就必须让我当家。但对你们来说，这可是一件危险的事情，因为如果你们让我当家了，我就打算从此之后一直当家。"听了比尔这话，那几个人果真心生忌惮，也就只好放弃了这个念头，最终大家一起把这个程序完成了。

当他们把程序交给科学公司的时候，公司的总裁麦克雷林对这几个中学生的表现非常满意，并请人事主管留下了他们的简历，便于日后长期雇佣。令他意想不到的是，对面的那个娃娃脸的学生并不买他的账，而是提出要公司支付版税，另外加上价值10000美元的上机时间。麦克雷林着实没有想到，这孩子小小年纪竟然懂得抽取版税，不过他还是答应了这个条件。对比尔·盖茨来说，这个业务是非常重要的，不但为他积累了一定的商业实战经验，而且也让他更加清晰地了解了公司运作的模式。

1971年的夏天，湖滨中学与圣尼古拉女校合并，学校里一下子多出了400人来上课，教务管理系统一下子就显得捉襟见肘。如果靠人工来排课，不但非常麻烦，而且会造成这样或那样的问题。于是，校务管理人员就想到了利用计算机排课。经过反复比较，他们选择了比尔等人的逻辑仿真公司。为了给学校编出最好的课程表程序，比尔和保罗简直是拼上了，他们曾一天工作超过20个小时。在那段时间里，保罗的邻居班森回忆说："我记得总是看到保罗的房间凌晨三点的时候灯还亮着。他和那个叫盖茨的小子在那儿熬夜，研究电脑。"就这样，经过8周的艰苦奋战，他们向学校提交了一份理想的课程程序软件。对于学生的劳动成果，湖滨中学当局也没有含糊，给了比尔等人丰厚的酬劳。

令大家感到意外的是，比尔在编写排课程序的时候，悄悄地在课程软件里加进了一些指令，结果等到开学上课的时候，比尔周围坐的都是些漂亮女生。此外，每周二的下午，比尔所在的这个班级一节课都没有。班主任老师也察觉出了这件事的蹊跷，便前来问比尔这是怎么回事。比尔笑了笑，回答老师说："在不增加课程密度和教室座位的前提下，至于为什么是我们班，那完全是因为我们想把学习的机会让给别的班级。"老师不得不对比尔刮目相看，也没有再继续追究。比尔的同学们兴奋极了，他们特意举办了一个"周二俱乐部"。在这天下午，他们每个人都穿上了一件印有"T"（Tuesday）的 T 恤衫。

其实，虽然比尔经常爱搞出些恶作剧，但是他从来都没有过分地热衷于这些小把戏，他最在意的还是专业技术方面的问题。后来，在接受美国国家博物馆采访的时候，他曾回忆说："早在 1971 年，我和保罗就开始谈论起微处理器。保罗在这方面有着独到的见解，他当时就明确指出，由于半导体技术的提高，计算机技术设备将会升级换代。我记得那时我对他说：'有这种可能，但我觉得它需要一定的时间。如果你所预想的能够变为现实的话，那就意味着我们可以把上机看成是不用花钱的一件事了。’我这话是有些夸张，但我只是想表明如果计算机技术设备真的升级换代的话，那么各项成本必将大幅度地下降。保罗对此深信不疑。后来，我们开始考虑计算机公司如何利用日益提高的半导体技术来推动计算机产业的发展。”只是当时的计算机离日常生活确实太远了，就连比尔·盖茨本人当时也不认为计算机工作者会成为社会的主流，他当然更不会想到自己以后的工作将会带来一场翻天覆地的计算机革命。在很多时间里，他都在思考着如何去做事情，“我们到底应该做什么?”这成了比尔问自己次数最多的问题。

然而，就在比尔对人生充满期待的时候，一件不幸的事发生了。他最要好的朋友肯特·伊文斯在爬山的时候不幸坠山身亡，对于比尔来说，这无疑是个致命的打击，他几乎就要崩溃了。周围的人都不住地安慰他，尤其是保罗·艾伦，他对比尔的关怀更是无微不至。就这样，度过了艰难的几周后，比尔慢慢地接受了这个不幸的现实，同时他和保罗的关系也更加密切了。

1972 年的夏天，保罗拿着一本《电子学》杂志来找比尔，告诉他说英特尔软件公司推出了一款型号为 8008 的微处理器芯片。两个人都觉得这件事很有意思，于是就凑了 360 美元买了一颗，并花钱请来了一位硬件工程师，帮助他们设计了一台统计交通流量的机器。而后，比尔和保罗就成立了第二家公司，名字叫作“交通数据公司”，主要业务就是出售这种机器。机器制造出来后，他们就开始四处推销，保罗甚至一度跑到了加拿大销售这款机器。可是，只有市政部门才会用到这种机器，就凭这两个中学生，真的是很难开展业务。最后，帮助他们打开局面的还是比尔的父母，盖茨夫妇通过自己的人脉关系为比尔和保罗介绍了西雅图的市政官员，帮助他们赚下了 2 万多美元。不久，联邦政府开始普遍推行交通流量监测工具，比尔的交通数据公司也就只好搁浅。

虽然交通数据公司险些亏损，但是它也显示出了比尔敢想敢干的创业精神。这个年龄不大的孩子确实有着睿智的商业头脑，也还是在这年夏天，比尔又做成了一笔生意。在当年的总统竞选中，比尔被选为国会的志愿者。此次总统候选人里有议员乔治·麦高文和他的副总统候选人托马斯·伊格尔顿，这两位候选人刚把印有“麦高文/伊格尔顿”的竞选徽章颁发出来，伊格尔顿就被人检举有精神病史。这个时候，比尔便以最快的速度大量收集他们的竞选徽章，因为如果这二人弃选的话，他们的竞选徽章将会迅速增值。果然，没过多久，麦高文就被迫宣布弃选。到这个时候，比尔已经收集了5000多枚徽章，这些徽章是5美分一枚收购的，但出售的时候涨到了25美元，比尔狠狠地赚了一笔。

在中学即将结束的这一年时间里，比尔个性“顽劣”的一面又暴露了出来。有一次上机的时候，比尔意外闯入了受到保护的“程序区”。GE公司的财务信息和各种信息资料一下子呈现在比尔的眼前。直觉告诉比尔要马上退出来，否则将会有严重后果，但是顽劣的个性，又驱使他做出了一些让人意想不到的恶作剧。他不但调阅了GE公司的大量文档，而且对里面的账单、计算机的使用时间等进行大肆修改，致使GE公司蒙受了巨大损失。GE公司的领导又惊又怒，并找到了湖滨中学，学校当局不得不再三道歉，并通知了比尔的父母。比尔的行为让素来注重声誉的盖茨夫妇颜面尽失，他们勒令儿子不准再碰计算机。最后比尔不得不向父母承诺，两年内不再碰

计算机。

两年，对于比尔来说，这是一段多么漫长的时间啊。不碰计算机根本是不可能的，他的手很快就闲不住了。当他听说华盛顿大学的计算机是全国联网的，便佯装是一个应聘者，获悉了该校的网络情况。然后，他趁人家上计算机公开课的时候，悄悄地溜了进去。在大家专心听老师讲课的时候，比尔把一个程序输入到了电脑的主机。不大一会儿，学校里的整个计算机系统一下子崩溃了。幸好华盛顿大学的网络系统还算先进，能够及时进行自我修复。否则，后果将不堪设想。这下子，比尔可真是闯下大祸了。湖滨中学当局大为恼火，几乎要开除他。不过，这件事过后，比尔也确实变老实了，果然很少再去碰计算机。而且，大学的考试也即将临近，他不得不收回心来，潜心复习考试。可是，比尔对人生的思考并没有停止，还时常一个人坐在那里思考未来要做的事情。在这段时间里，比尔想得最多的就是：“不久我要进入大学深造，将来毕业之后做个老师。”

高中毕业之后，比尔凭借着他高超的计算机水平从 TRW 项目组那里得到了一份临时工作。

当时这家公司正在开发一个大型项目，其目的主要是借助多台 PDP－10 型计算机来监控美国西北部的整个电网。尽管这个项目并不成功，但是它带给了比尔极大的震撼。直到此时，比尔·盖茨才意识到计算机不只是用于玩个游戏，或者设计课程软件，还能应用于如此规模宏大的工程。他在心中不住地为 PDP－10 型计算机感慨："它还能做一些不可思议的事情！"

在湖滨中学里，比尔与计算机结下了不解之缘，他的绝大部分的生活都是围绕着计算机展开的。毕业的时候，湖滨中学的校友纪念册里收集了比尔的一张照片。照片上，比尔躺在计算机房的桌子上，头上盖着一顶滑雪帽，一副桀骜不驯的样子。有位学监拿着纪念册走了过来，指着这张照片问比尔道："相片里的这人是谁啊？"比尔不好意思地笑了。

不被虚度的哈佛岁月

1973 年，比尔·盖茨顺利地通过了 SAT（全称是 Scholastic Assessment Test）考试，被大名鼎鼎的哈佛大学录取。一直以来，哈佛大学都是世界上最为著名的高校，它在 20 世纪 70 年代就已经培养了7位美国总统，12位副总统，33位普利策奖获得者，37位诺贝尔奖获得者，数十位著名跨国公司总裁，以及十几位最高法院的大法官及众多国会议员。有人曾做过相关统计，在全美500家最大财团的决策者中，三分之二的人都毕业于哈佛。对于每一届哈佛新生来说，这些人生辉煌的校友们是对他们的最大激励。

1973年，当其貌不扬的比尔·盖茨走进这所世界名校的时候，当时的哈佛人可能怎么也不会想到，他们又迎来了一位将在校史上留下浓墨重彩的人物。此时的哈佛校长博克正在大刀阔斧地进行着教育改革，他希望每一名走进哈佛的学生，从这里走出去的时候，都能够拥有一片更为广阔的天地。因而他要求每名哈佛学生要广泛地接受现代教育，在顺利完成本专业的学习之外，还要至少涉足7个必不可少的知识领域。

当初，比尔·盖茨之所以选择哈佛大学，并不仅仅是因为这所大学的名气大，而是因为他想像父亲那样做一名律师，或者是像母亲那样做一名教师。只是生来要强的性格，使他并不甘于做一名普通的工作人员，他想要做就做这个行业中最优秀的那一个。正如他后来所说的那样："我知道如果我想成为一名律师或者数学家的话，哈佛大学应当是我理想的选择，因为法律及数学这两门课程是哈佛大学的优势课程。”只是在哈佛大学这样一个精英云集的校园里，像比尔·盖茨这样一个既有激情又有能力的人，往往很快就会发生转变。其实，生活的道路原本就是这样，人们总是会随着环境的变迁而发生这样或那样的转变。有的转变被我们称为堕落，可有的转变却被我们称为提升。毫无疑问，比尔·盖茨的转变应该属于后者。

直接促使比尔·盖茨人生理想发生转变的，是哈佛带给他的一个善意打击。在进入哈佛之前，比尔一直都以为自己是世界上最为聪明的孩子，如果他日后能成为数学教授的话，那也是世界上最为优秀的数学家。这也可以说是很多大一新生都容易走入的误区，他们常常以为自己是某个领域的天才，可结果很快就令他们大失所望。比尔也是这样，他很快就发现周围的人都和自己一样聪明，有的甚至还在自己之上。就拿他最为擅长的数学来说吧，有个人就超过了他，这个人就是史蒂夫·鲍尔默。比尔马上就自觉地意识到，自己在以后的数学界是不大可能首屈一指了。大一考试的时候，虽然比尔的数学理所当然地得了个满分，但是平均成绩是个 B，这令他很是沮丧。在这段时间里，他的心情是非常复杂的，只是从来都没有停止过对未来的思考。他读了大量的科幻小说以及经济类的著作，同时也继续在数学上狠下功夫。

在刚入学那会儿，比尔的上机时间大大地减少了，他把主要精力放在了经济学上。后来，他是这样对人说的："谁也没有想到，当我真的进入这所大学后，我却对经济学产生了深厚的兴趣。我觉得我的计算机知识已经相当丰富，再和一大堆玩计算机的人天天泡在一块儿是不会有太大出息的，此后，我用于上计算机课的时间的确减少了。"虽然他就读的是法律专业，但是他把大量的时间花在了其他学科的学习上。大一这年，他选了哈佛最难的课程"数学 55"和物理课，它们都是研究生级别的课程，占去了比尔三分之一的时间。

到了哈佛大学，比尔依然和中学时的好朋友保罗保持着密切联系，此时的保罗就读于华盛顿大学。不过，这时比尔又遇到了一个新的朋友，就是他的室友史蒂夫·鲍尔默。鲍尔默小比尔一岁，是一个数学天才，他和比尔一样精力充沛，喜欢长时间熬夜。这两个人可谓是一见如故，一起选修了研究生的数学和经济学，还一起去看过《雨中情》《发条橙》等电影，他们的友谊在一次次交往中不断加深。他们还给自己的宿舍取了一个很霸气的名字，叫“雷电房”。这里常常聚集一帮子人，并且吵吵闹闹到半夜。

这两个人都聪明得可怕，他们的学习方法也很特别，都是上最少的课，而取得最好的成绩。他们曾共同选修过一门宏观经济学，却连一次课都没有去上过，结果比尔得了 99 分，而鲍尔默得了 97 分。不过，在数学方面，鲍尔默还是略胜比尔一筹。在一次全国数学竞赛中，他击败了比尔，成为数学竞赛的冠军。按比尔的话说，他和鲍尔默之间是高频段交流，两个人一开始对话就是有关高等数学的问题，甚至在早餐的时候，也会谈论应用数学。

虽然两个人也算称得上是至交，但是他们的个性截然不同。鲍尔默身上有一种领袖欲，他担任过文化社社长和橄榄球队队长，还喜欢参加校园里的各种社交活动，是很多校园俱乐部的成员。而比尔恰恰相反，他一进入社交场合就显得无所适从。他更喜欢我行我素，要么通宵在计算机房里编写程序，要么就是参与赌博这样不务正业的勾当。比尔·盖茨是个天生的冒险家，而赌博这种事情，常常让他体验到一种冒险的刺激。他那天生好斗的性格，在这种场合里也表现得淋漓尽致。

另外，为了增加这种冒险的刺激，比尔在赌博的时候常喜欢下高注。最高的时候他下过 2000 美元一注，让在周围观看的人都为之心惊肉跳。每次玩到惊险刺激的时候，他的肾上腺素就会往上冲，导致两眼通红，以至于大家送给他一个绰号——“红眼”。刚开始玩牌的时候，比尔输得简直是一塌糊涂，可越是这样他就越较劲儿，最后果然成了一个赌桌上的高手。比尔的朋友布莱特曼曾经这样评价他说：“比尔没有干不成的事，他总是集中精力干好一件事，决不轻易放手。他的决心就是，不干则罢，要干就干好。玩扑克与研究软件，比尔都做得很好，他可不在乎别人怎么想。”

在校园里，我们很难说比尔到底是一个好学生还是一个坏学生。一方面他如饥似渴地学习，郑重其事地想着未来的人生，甚至听过很多自己没有选修过的课程。另一方面，他又那样顽劣，经常逃课，干些不务正业的事情。渐渐地，他养成了一种极为另类的学习风格，常常是连续苦战36个小时，然后一头倒在床上酣然入睡，一气睡上12个小时。等醒过来后，吃一个大比萨，喝一大杯可乐，接着又开始了下一轮的战斗。在以后的创业过程中，比尔也一直都延续着这种作息习惯。累了的时候，就一头栽在乱七八糟的床上，拉个毯子就睡，从不管周围如何嘈杂。即便是在出差的时候，他也常是毯子一盖头，一觉睡到目的地。他给人的感觉从来都不像是从世界名校走出来的高才生，更像是一个仓库管理员，吊儿郎当地坐在电脑前，一边忙碌地写着程序，一边吃着比萨，喝着可乐。

多年以后，当比尔·盖茨再次回到哈佛校园的时候，面对众多年轻学子，他曾这样惬意地回忆这段时光："对我来说，在哈佛的求学经历是一段非凡的经历。校园生活很有趣，我常去听我没有选修的课。哈佛的课外生活也很棒，我在拉德克利夫过着逍遥自在的日子。每天我的寝室里总有很多人一直待到半夜，讨论着各种事情。因为他们每个人都知道我从不考虑第二天早起。这

使我成了校园里那些不安分学生的头头，我们互相黏在一起，做出一种好像拒绝所有正常学生的姿态。”

那时的比尔·盖茨依然“不在乎别人怎么想他”，在很多老师和同学的眼里，他是一个不大受欢迎的人。他还像中学时期那样不修边幅，而且经常会做出一些奇怪的举动，比如单脚跳过垃圾箱，或者是立定跳过长凳，等等。无论是在读书还是在思考问题的时候，他都习惯用两只手抱着头，身体却像小时候骑木马那样剧烈地来回晃动着。他最喜欢和人辩论，声音很尖锐刺耳，话语的内容简直可以说得上是粗鲁。在辩论的时候，他习惯挥舞着手臂，像是在和人打架一样。一旦发现对方观点的纰漏，他就会使用诸如“傻子”“疯子”等一些粗鄙的词汇，往往让人很难接受。

比尔不但对学生是这样，对老师也从不给面子。他常常摆出一副处处想为难老师的样子，把课堂搞得像战场。每次上课的时候，他连笔记本都不带，往那里一坐，习惯性地两只手抱着脑袋，脸上一副厌倦的表情。其实，他并没有不专心听课，在老师解题的时候，他一直都在寻找着老师的漏洞。一旦发现有什么不对的地方，他就立刻举手站起来，说："老师，你有个地方不对，让我来给你说说。"他丝毫不顾及场合，经常弄得老师下不了台。

难怪有位朋友会这样说他："他是一位头脑清晰的思考家，但容易感情用事，他很富有也很幼稚。在控制性情方面，他从未成熟过。"即便是在哈佛大学的校园里，比尔依然是大家眼中的"另类"，这也给他的哈佛岁月留下了一丝遗憾。他曾以不无幽默的口气无奈地对年轻的学弟学妹们说："拉德克利夫是个过日子的好地方。那里的女生比男生多，而且大多数男生都是理工科的。这种状况为我创造了最好的机会，如果你们明白我的意思。可惜的是，我正是在那里学到了人生中悲伤的一课：机会多，并不等于你就会成功。"

对于比尔来说，课上睡觉、旷课逃学几乎是家常便饭，只有考试前的那会儿，他才狠狠地恶补一阵。值得一说的是，他的这种行为既不是简单的厌学，也不是慵懒拖沓，而是在挑战自己。他这样对周围的人说："我是想看看我花最少的时间能得多高的分数。"对于数学老师布置的练习题，他通常只做其中最有分量的20%。他的室友们常常一连几天见不到他的人影，因为他整晚都在哈佛大学的艾坎计算机中心写程序、打游戏。有人清晨去上机的时候，常会看到一个娃娃脸的孩子趴在计算机桌上睡得正香。有一次希腊文学考试的时候，他竟然趴在桌上睡着了。监考老师开始还以为他在专心致志地答题，可见他趴在那里好久都纹丝不动，才知道他是睡着了。当老师把他叫醒的时候，就只剩半个多小时的时间了。于是，比尔就匆匆把试题做完，最后竟然还得了个B。

确实，比尔·盖茨在学习上表现出了极高的天分，他不仅玩得疯狂，学的时候也同样很疯狂。在哈佛学习的两年时间里，这个任性的孩子虽然做了不少荒唐事，但是他从来没有虚度这段时光。在这段时间里，他还在数学方面取得了一个很得意的成就。这是一道数学难题的解答：一个厨师做了一叠大小不同的煎饼，他要不断从上面拿起几个煎饼翻到下面，最后使煎饼按大小顺序排列，最小的煎饼在上面，最大的煎饼在下面。假设有 *N* 个煎饼，厨师需要翻动多少次，才能完成这个排列？许多数学家都没能解决的这个问题，却被比尔想出了最佳的解决方式。当他把自己的解法告诉数学老师克里斯托斯·潘帕莱米托教授的时候，教授高兴得不得了，将比尔的解法记录下来，并加以整理，然后转交给了《非线性数学》杂志，文章很快就被发表了。盖茨的这个想法给数学研究带来了突破性的影响，并在此研究领域领先了15年。

比尔·盖茨的个性注定了他不会虚度时光，或是沉湎于自己的小日子，他想要的是改变这个世界。可是，他失望地发现，以后无论是做律师还是当老师，都不能帮自己实现这种人生抱负。这时，他又想到了之前在TRW项目组工作时的情景。在那之后，保罗不厌其烦地跟他唠叨，说他们应该创建一家自己的公司，开发出适用于PDP型电脑的新型软件。这年暑假，比尔和保罗在一家名为霍尼韦尔的计算机公司找到了一份工作。他们在工作的过程中都清楚地看到了计算机市场所发生的巨大变化。比尔越来越强烈地感觉到，计算机将会带给这个世界以翻天覆地的变化，软件设计也许能够帮助自己实现人生的理想。

我们不得不说，比尔·盖茨是一个善于未雨

绸缪的人。当他的同学还陶醉在名校的光环里，愉快地享受着大学时光的时候，他不但找到了人生的航标，而且开始扬帆起航了。他常在哈佛大学的艾坎计算机中心，一待就是几个，甚至是十几个小时。从大一开始，这个不甘寂寞的新生就几次休学，在创业道路上进行了一次次尝试。他渐渐抛弃了以前的想法，越来越清晰地看到了计算机的未来。比尔和保罗一直在想着制造出一个新型的计算机，于是他们一个负责改进 BASIC 语言，另一个则负责硬件改装。只是在那个时候，制造计算机确实不是两个大学生所能完成的事情，因而他们的进展很不顺利。后来，保罗·艾伦也回忆说："到最后，我们还是认为制造硬件风险太大，不是闹着玩儿的。我们俩的综合实力不是在硬件上，我们要做的还是软件。用比尔的话说，那是电脑的灵魂。"因此他们只能一方面积极地进行着软件的开发，另一方面则紧密地注视着硬件市场的发展。

毫无疑问，这两个年轻人都在跃跃欲试，因为他们都意识到了，计算机行业到了他们这个时代肯定会发生大的变革。而一旦踏上了这个行业变革的节拍，只偶然的一个机会，就会改变他们一生的命运。就像比尔·盖茨后来所说的那样：“一个人也许一生中只有一次或两次重大机会，而抓住这一机会可能就会改变你的命运。”然而，在这个时候，他们谁也没有看清楚这个机会到底在哪里，于是也就只好碌碌地拼搏着。这两个聪明勤奋的年轻人可能都没有想到，幸运之神正在悄悄地向他们走来。

最成功的“失败者”

1974 年的 12 月与往年并没有什么不同，在很多人的记忆里，这个冬天依然是那样毫无生机。可是，对于踌躇满志的比尔·盖茨和保罗·艾伦来说，却恰恰相反，这应该是他们事业生涯的一个辉煌开始。这一天，保罗·艾伦又出现在了哈佛大学的校园里。与以往不同的是，他这次来显出了一副心急火燎的样子，手里还拿着一份《大众电子》杂志。一走进比尔的宿舍，他就迫不及待地说：“比尔，个人电脑的时代来了，我们的 BASIC 这下子有用武之地了。”说着，他把一篇带有插图的文章递到了比尔面前。这篇文章的开头醒目地写着“世界上第一台微型电脑问世了，向市场上的商用型电脑挑战”，比尔也一下子来了精神。

这篇文章重点介绍了一款名为阿尔塔 8800 的新型电脑，是由微型仪器遥测系统（即 MITS）公司生产的，售价仅 400 美元。说实话，以我们今天的眼光来看，这根本算不上一台电脑，只能算是一个怪家伙。它连显示屏都没有，只有一个键盘和两个一闪一闪的信号灯。就在比尔仔细阅读文章的时候，兴奋不已的保罗在一旁朗诵起了《裘利斯·恺撒》中的那段著名台词："在人类的事务中有股潮流，洪水般的潮流奔向财富。如果一个人被这种潮流所抛弃，他的一生注定黯淡无光，凄凉悲惨。我们就是要在这样的海洋中漂浮。我们必须跟随潮流，顺流而动，否则我们将失去人生的机遇。"

阿尔塔 8800 的出现让比尔又惊又喜。喜的自然是终于有新的计算机硬件出现了，惊的则是，除他和保罗之外，竟还有这么一批人在个人计算机上有如此作为。这甚至有点儿让他懊丧，感觉好像落后了人家一步。保罗当然明白比尔的心思，因为他也有着同样的感觉。可是现在顾不了这些了，他怂恿比尔说："做吧，咱们创办一家电脑公司吧！再不做就迟了，就贻误历史赋予的大好机会了，就会抱憾终生，甚至被后人责备!”这时，比尔已经缓过神来，他对保罗说：“嗨，伙计，我们必须抓住这个机会，我们要把这台电脑的程序设计抓在手中。”保罗对此深表赞同。

说干就干，比尔马上找出几页他们之前印发的信笺，信笺顶端还印有“交通流量数据公司”的字样。他要以公司的名义给 MITS 公司写一封信，表示可以为他们的计算机设计程序。信件寄出去后，他们开始了焦灼的等待，唯恐再度被人家抢了先机。几天后，MITS 公司打来了电话，开始就询问：“你们是认真的吗？经常会有很多奇奇怪怪的人打电话给我们。”比尔自然是信誓旦旦地加以保证，可当对方知道他们还是学生的时候，态度一下子又冷却下来，第一次通话就这样草草了事。比尔和保罗并没有灰心，他们义无反顾地开始了对个人阿尔塔计算机程序的研发。要知道，他们只是看了一张阿尔塔 8800 的图片，连最基本的情况都不知道，他们不得不再次给 MITS 公司打电话。接电话的是 MITS 的老板罗伯茨，也是阿尔塔 8800 型计算机的发明者。

在这次打电话之前，比尔和保罗都非常不安，因为上次的经历，他们很怕对方一听还是他们，听都不听就挂断电话。电话接通后，比尔鼓足了勇气，以非常专业的语气问道："顺便问一下，要在电传打字设备上阅读和传输文字需要什么样的子程序？你们是怎么做的？"事实上，此时的MITS已经举步维艰，正迫切希望能够通过阿尔塔8800来打开局面。罗伯茨一听比尔问出了如此专业的问题，也燃起了一丝希望："嗯，这真有意思。有很多人打电话给我们提出他们要做这样那样的事，但是从来没有人问过我们这种机器是如何输入和输出数据的。看来你们这些人是认真的。你们得来这里向我们展示一下你们的成果。"于是，双方就约定下来，一个月之后在MITS公司演示个人电脑的BASIC程序。

在这次通话结束之后的一个月里，比尔就和保罗全身心地投入到了阿尔塔程序的编写当中。在这段时间里，比尔和保罗可以说是昼夜奋战，他们的大多数时间都是在艾坎计算机中心度过的，有时甚至一干就是一个通宵。比尔对人曾这样回忆这段时光："为阿尔塔编写的BASIC真是令人筋疲力尽。当我思考的时候，我时常前后摇晃或踱步，因为这样有助于把精力集中于一个想法上，排除干扰。我和保罗的睡眠很少，可谓夜以继日。我常常好些日子既不吃东西也不见任何人。”微软的第一个产品就是这样诞生的。

比尔·盖茨一生中编写过无数个程序，他对BASIC的感情始终都是最深的。程序编写完成之后，他们就决定前往阿尔伯克基的MITS公司进行演示。可是，他们口袋里根本没有足够的钱来买两张往返机票，最后只能由较为稳重成熟的保罗前往阿尔伯克基。保罗订下飞机票之后就去睡觉了，而比尔这一夜则是彻夜未眠，他对照着参考书非常仔细地检查了每一条指令。最后，在确保程序没有问题后，他才把印有一条条指令的纸带打好了孔，并为保罗装好，以免上飞机的时候忘记。

当保罗到达MITS公司的时候，他和身在哈佛的比尔都捏了一把汗，他们的辛苦努力很快就要接受正式的考验了。可别忘了，直到现在为止，他们还没有见过真正的阿尔塔8800型计算机，只是根据它的图片来编写程序，因而谁也不敢保证他们会成功。同样，MITS的老板罗伯茨也很紧张，他不知道自己发明的个人计算机是否真的能够完成一些操作。

当保罗第一次把程序输入阿尔塔的时候，由

于没有调试好，计算机没有任何反应，他们的心一下子都提到了嗓子眼儿。接着，保罗再做调试，又一次输入指令。计算机很快就显示出了“READY”的字样，保罗先是输入2+2，计算机显示了结果，又输入了一些乘方等运算，计算机都准确地计算出了结果。保罗和罗伯茨都兴奋地惊呼起来，保罗兴奋的是自己的程序竟如此成功，罗伯茨兴奋的则是自己的硬件果然能完成这些奇妙的工作。当保罗通过电话把这一消息告诉比尔的时候，电话另一头的比尔兴奋得简直要跳起来。

然而，就在这个时候，哈佛大学计算机中心的人找上门来，严厉批评比尔利用学校的计算机开发商业软件。面对校方的指责，聪明的比尔丝毫没有妥协，他指出：“学校并没有制订具体的规则，说明应当如何使用学校的电脑。况且，既然教授可以使用学校的图书馆著书立说，从而获得稿费和版权，学生为什么就不能利用学校的电脑从事商业研究呢?”这让校方一时不知该如何作答，只好在学校计算机的使用规定中，加入了这么一条：学生利用学校的电脑研制出商品，学校有权分享利润。

阿尔塔 8800 程序编写的成功，让比尔更加明确地看到，自己的时代真的来临了。当 MITS 公司的老板表示要使用他们的程序，并邀请他们加盟的时候，比尔拒绝了，保罗也只是临时留下来，做了 MITS 公司软件部的副经理。这两个年轻人开始谋划着一个更为雄伟的抱负，他们要成立一家自己的公司，要为所有的个人计算机开发软件，而不是仅为 MITS 公司。在比尔和保罗的心中，那种时不我待的紧迫感越来越强烈，这迫使他们做出自己的选择。在保罗一遍又一遍的激励下，比尔再也无法安心地做一个学生了。他决定了，退学！

比尔要退学的消息一传开，就在老师和同学中间炸开了锅。首先劝阻比尔的，就是他的好友鲍尔默。结果比尔非但不听鲍尔默的规劝，反而建议鲍尔默也退学，去和自己一道创业。鲍尔默拒绝了，他拒绝的理由也很古怪，因为他刚竞选上校橄榄球队的队长，要是还没过一把当队长的瘾就退学，实在是太可惜了。不过，鲍尔默最终也没有逃过比尔的拉拢。六年之后，当鲍尔默在斯坦福大学商学院攻读 MBA 课程时，比尔·盖茨再次前来游说，邀请他和自己一起创业。鲍尔默经过慎重考虑，最终还是接受了比尔·盖茨的邀请。

另外，还有比尔的同学杰克·唐纳德。善良的唐纳德劝他：“伙计，你真的想好了吗？要知道公司你可以随时随地开，但哈佛只能上一次啊。”可是，比尔却非常果断地回答道：“是的，我知道哈佛只能上一次，我也知道不能从这里毕业会遗憾。但你知道吗？伙计，我的机会来了！”

其实，在哈佛大学的校史上，比尔·盖茨中途退学并不是一件破天荒的事情。在那些中途退学者的队伍中，也不乏让人艳羡的精英人士。可是，比尔·盖茨之所以选择退学，却没有模仿他们当中的任何一人，他只是和那些人一样，真正地发现了自己的机遇。也正是因为这一点，比尔·盖茨后来一次次对那些渴望成功的年轻学子说：“不要模仿我或者任何一个人的道路，你们的正确道路只存在于自己的脚下。”事实上，与比尔一同退学的，还有他的同学维尔·斯密茨，他退学的目的与比尔的很相似。因为当时的纺织业形势发展大好，斯密茨就决定退学成立一家纺织品进出口公司。一时间，哈佛法律系的两个学生同时退学，弄得他们的辅导员不得不一次又一次向外界解释情况。

对于比尔的退学决定反对最激烈的，还是他的家人，一家人苦口婆心都没能说服比尔改变主意。最后，盖茨夫妇想到了一个釜底抽薪的方法，他们找来了好朋友斯托姆来劝说比尔。斯托姆是一个白手起家的百万富翁，盖茨夫妇本想让斯托姆以自己的创业经历现身说法，打消比尔退学的念头。可是，当斯托姆听完比尔对计算机行业的精辟分析之后，却真诚地对他说："任何一个对电子学略有所知的人，都应该明白这确实存在，并且新纪元确已开启。"盖茨夫妇怎么也没有想到，斯托姆的到来反而让比尔又多了一个支持者，盖茨夫妇最终只好放弃了劝阻比尔退学的念头。

比尔·盖茨以日后的卓越表现向人们证明了，自己当初退学哈佛的选择是正确的。是啊，在很多时候，机遇确实是不会等人的。这也让人再次想起了那位来自英国利物浦的计算机天才科莱特，在哈佛的时候，他经常和比尔在一起听计算机课。大二那年，比尔就和科莱特商量过一起退学，去开发 32Bit 财务软件。不过，在深思熟虑的科莱特看来，这个"娃娃脸"的话简直是天

方夜谭，于是就毫不犹豫地拒绝了他。10 年之后，当科莱特成为计算机 Bit 专业博士的时候，当年的“娃娃脸”比尔·盖茨已经进入了“福布斯富豪榜”。比尔开发出了新型的 EIP 财务软件，其运算能力是 Bit 软件的 1500 倍。

也许在不少人看来，尤其是在很多年轻人的眼里，退学哈佛应该是比尔·盖茨人生道路上的一个最具浪漫色彩的传奇。可是，很少有人会意识到，当时比尔做出的绝非一个率性的决定。在功成名就之后，他接受一家杂志采访时曾说：“我之所以退学，只是因为我当时有一个梦想：成立一家微电脑软件公司，而那个理想不能再耽搁，再不做就来不及了，我就会失去历史机遇，并将遗憾终生。我对离开哈佛大学而开设微软公司从未后悔过。但是，我还是很留恋大学生活的乐趣，很希望当年有更多的时间容我完成学业，然而时间不允许。当你听到或看到不少退学人士在事业上取得成功时，可能会以为创业应优先于学业。但是，我却不这样看，除非那人有一个非做不可的构思。”

即便如此，每年仍会有好几百个学生写信给比尔·盖茨，征求他对于学校教育的意见，甚至也想像他那样退学创业，这让比尔·盖茨大为苦恼。在访问一家学校的时候，他曾这样苦口婆心地对大家说："我对同学们的忠告是简单而发自内心的：接受你们能接受到的最好的教育；要利用中学和大学为你们创造的一切有利条件；要学会如何学习。确实，我为了创办微软从大学退了学，但是在退学之前我毕竟在哈佛大学学习了两年多，至今我仍希望能有时间再回到哈佛大学继续学习。正如我以前说过的，除非一个人确信自己面临着人生的重大机遇，否则不应该从大学退学，即使需要退学也应该三思而后行。"

其实，对于退学这样一个重大决定，聪明的比尔还是给自己留了一手的。在一次微软员工的大会上，他这样对大家说："我创办微软的时候，心情特别激动，以至于根本就不曾想到风险这回事。真的，我很可能会破产，但是这有什么关系呢？我掌握许多生存技能，可以给人打工维持生活。而且当时只要我愿意，我父母仍然会送我去哈佛完成学业。"虽然这个中产阶级的孩子一直都是不缺钱花的主儿，但是他从没有挥霍过自己的人生，也从没有做过任何一次毫无意义的冒险。

比尔·盖茨从哈佛退学（严格意义上只能算是休学）是在 1975 年，可是一直到了 1977 年，公司里的一切都步入正轨之后，他才去学校正式办理了全部的退学手续。在这期间，如果公司遇到任何闪失，他都可以返回哈佛继续读完大学。另外，明白人可能都会发现，比尔退学的时候早已不再是那个“顽劣少年”了，他的大脑里已经积累了足够的计算机知识，甚至超过了很多业内的专家。

2007 年，比尔·盖茨再次回到了他的母校哈佛大学，他从教务长史蒂文·海曼的手里接过了他梦寐以求的学位证书——荣誉法学博士学位。德里克·博克校长先是不无赞誉之辞地向在场的老师和同学隆重地介绍了比尔·盖茨：“我们今天的演讲者是世界上最具影响力的企业家，他带动了个人计算机行业的革命。”而后，校长的话锋一转，又以不无幽默的口吻对比尔·盖茨说：“如果你当初完成了剩下两年的学业，那现在将取得什么样的成就呀！”台上台下顿时响起了一片笑声，面对这些善意的笑声，昔日那个桀骜不驯的少年此时也羞涩地笑了。他激动异常地说道：“在过去 30 年里，我一直等待着说这样一句话：‘父亲，我将拿到自己的学位。’”接着，他又略带不安地说：“哈佛的校报称我是‘哈佛大学历史上最成功的退学生’。我想这大概使我有资格代表我这一类学生发言……在所有的失败者里，我做得最好。”

不管怎么说，1975 年都是比尔·盖茨一生中最为重要的转折点。他和保罗·艾伦完成阿尔塔 8800 的程序，标志着他校园生活的结束。从这以后，他就全身心地投入到了为人生理想而奋斗的过程中。我们不得不说，这个桀骜不驯的少年是个在顺境中成长起来的天才，这其中最离不开他母亲的悉心教导。这一年母亲节，玛丽·盖茨收到了儿子寄来的明信片，上面用漂亮的英文斜体字写道：“我爱您！妈妈，您从来不说我比别的孩子差；您总是在我做的事情中，不断寻找值得赞许的地方；我怀念和您在一起的所有时光。”

第三章
少年得志的商界英才

有不少人认为，比尔·盖茨的成功是不可复制的，因为他抓住了整个 20 世纪最大的商机。甚至连他本人也颇为感慨地说，自己是幸运的，因为他每次都出现在一个正确的位置上。这些说法诚然不错，可事实绝没有那么简单。在成功的道路上，很少有人会有扶摇直上的机缘。绝大多数成功者都是在一条荆棘丛生的崎岖道路上向着未来跋涉，甚至在获得成功之前，连这些跋涉者自己都不知道自己究竟是否能够成功，或者是取得多大的成功。这是一种旁人永远都无法体验到的艰辛，因而它是很难用一两句话来概括清楚的。

我们必须明白一个事实，在任何时候，机遇只有在那些有魄力、有能力而又有毅力的人面前是有价值的。如果说比尔·盖茨永远只是一个漫不经心的顽劣少年，那么无论命运之神如何垂青，恐怕他都很难有任何作为。也正是那种不甘落后、争当第一的王者风范以及总是誓与对手进行毫不留情的厮杀的气势，才为比尔·盖茨在全球计算机软件领域赢得了立足之地。

在早年的创业生涯中，比尔·盖茨和他的同伴们经历了无数一般年轻人所无法承受的艰难。是的，比尔·盖茨最终成功了，他赢得了世人的瞩目。可是，在这段征程中，不仅有让人刻骨铭心的点点滴滴，更充满了让人心有余悸的刀光剑影。比尔·盖茨的形象始终存在着矛盾的两面，在一般世人的眼中，比尔·盖茨是一个光彩照人的成功者；可是在很多同行的眼中，他是一个毁誉参半同时又让人望而生畏的人物。

微软的诞生

1975年的夏天，比尔·盖茨刚刚过完20岁的生日，便成立了自己的第三家公司，合伙人依然是保罗·艾伦。两个人根据各自编写的BASIC语言编译代码的数量来划分股份，比尔·盖茨占了60%，保罗·艾伦占了40%。为了给他们的新公司取一个响亮的名字，这两个年轻人可谓是煞费苦心。他们讨论了很多方案，比如什么 Out－Corporate Inc，Unlimited Ltd，Allen－Gates，等等，但是这些名字最终都迅速被否定了。

直到这年的 11 月份，他们在制作与 MITS 公司的合同文本时，无意间写下了这样一句话：“保罗·艾伦和比尔·盖茨为做微型软件（micro soft）而工作。”两个年轻人一下子来了灵感，就把micro－soft一词确定为他们新公司的名字，译成汉语的意思就是“微软”，一个伟大的公司的名字就这样诞生了。1979 年，当微软公司搬迁到贝尔维尤的时候，盖茨和艾伦索性把这个词中间的破折号去掉了，这就是 Microsoft，一个誉满全球的企业专有名词。

阿尔塔 8800 的 BASIC 程序是微软公司的第一个产品，MITS 公司因而也成了微软的第一个客户。当 BASIC 语言程序实验成功之后，MITS 公司的老板罗伯茨就迫不及待地向比尔·盖茨和保罗·艾伦索要 BASIC 程序。这时的比尔·盖茨很快就意识到，主动权已经掌握在自己的手里，他根本没有打算把 BASIC 程序毫不保留地交给 MITS 公司。因为这两个年轻人从来都没有想过要为某个公司打工，他们是要以 BASIC 产品来开启自己的创业之路。

很快，受过法律专业教育的比尔·盖茨就在父亲的指点下，精心地拟定了一份合同。根据这份合同，比尔·盖茨和保罗·艾伦拥有 BASIC 程序的绝对版权，按 MITS 公司使用的拷贝数量来收取费用，合同的有效期是 10 年。此外，精明的比尔·盖茨还在合同里加进去了这么一条：MITS 公司必须同意全力以赴地许可、推进 BASIC 程序的商业化，如果不能尽力，将构成协议的终止。

当罗伯茨从比尔的手中接过合同的时候，他还真的不大明白这个“娃娃脸”的孩子到底想干什么，主要还是他低估了这位年轻的对手。比尔·盖茨认真地对罗伯茨解释说：“贵公司只有在这份协议上签了字，我们开发的语言程序才能交给贵公司。”此时的罗伯茨太想得到这个程序了，所以也无心过多地纠缠此事，就毫不犹豫地在合同上签了字。

果不其然，自从拥有了 BASIC 语言程序，阿尔塔 8800 很快就顺利地投入了市场，MITS 公司的经营状况也随之峰回路转。公司不仅弥补了以往的 30 万美元的亏空，而且还获得了 25 万美元的盈利。阿尔塔 8800 迅速在全国掀起了一股个人计算机的热潮，正如后来比尔·盖茨所说的那样："MITS公司的伟大之处就在于它是这一行业刚刚兴起时的焦点。"

其实，早在阿尔塔8800出现之前，数据设备公司的奥尔森于60年代初就发明了一款小型的PDP计算机，市场标价为12万美元。虽然这款计算机和后来的个人电脑还存在着一定的差距，但是它无疑预示着个人电脑的未来。可惜的是，当时的奥尔森并没有看清楚这一点，匆匆转向了其他行业。10多年后，当个人电脑兴起时，奥尔森也只能懊悔当初痛失良机。

为了给阿尔塔8800争取更多的用户，MITS公司特意准备了一辆蓝色的大篷车，前往全国各地展示这款新型的计算机。作为其亲密盟友，比尔·盖茨也不得不和MITS公司的员工们一起坐上了这辆大篷车，四处奔波。就在这次巡展的过程中，一个意外发生了。在一次展示的时候，在围观的人群中，有人从大篷车上拿走了将要演示的BASIC程序的复印资料。更为糟糕的是，偷盗者不仅无偿享用了阿尔塔8800的操作程序，而且还进行了大批量的复制，并将其分发到各个电脑爱好者俱乐部，这应该是比尔·盖茨最早经历的盗版事件。

事情发生后，比尔·盖茨找到了罗伯茨，愤怒地大声谴责说："这些人都是贼，他们偷了我的程序，我没法赚钱了！"MITS公司的大力宣传固然扩大了阿尔塔8800的影响力，可同时也给它的竞争对手提了个醒。很多公司都开始模仿其阿尔塔计算机，甚至使用了同样的外部设备插入总线，罗伯茨的处境越来越不妙了。

在与MITS公司合作的这段日子里，比尔·盖茨那桀骜不驯的个性依然毫不保留。罗伯茨也真切地领教了比尔·盖茨身上那种不甘居人下的个性，两个人之间不断有摩擦产生。幸运的是，保罗温和谦逊的性格从中起了很大的作用，才使得他们的合作得以维持下去。后来，回想起这段合作经历的时候，罗伯茨颇为不满地说："盖茨是个被宠坏了的孩子，这就是问题的所在。艾伦比盖茨更富于创造性，盖茨和我争来争去，但是一个好办法也拿不出来，可艾伦能。他对我们公司还是有一些帮助的，而盖茨只能是添乱。"

微软最初开始经营的时候，保罗还担任着MITS公司软件部的副经理。一直到18个月后，罗伯茨才找到合适的人来替代他。个人计算机的迅速发展，为年轻的微软公司提供了很多机遇。仅在1975年，就有13家公司购买了微软的软件许可证，到了第二年，微软的客户增加到了25家。在这段时间里，微软的事务只能全靠比尔来打理。

1976年4月，比尔雇用了自己的第一个员工马克·麦克唐纳，又于5月份雇用了理查德·韦兰德，这两个人都是他在湖滨中学的同班同学。在保罗回到微软公司之前，比尔和员工们已经开始为6800S和6502S等芯片编写程序了。也正是在这种情况下，两个人的股份再次做了调整，比尔的股份上升为64％，保罗的股份下降为36％。

我们不得不对年仅20岁的比尔·盖茨致以最崇高的敬意，年纪轻轻的他非但丝毫没有富家子弟的娇惯，反而承担了同龄人很难挑起的重担。当然，此时的比尔·盖茨既不用养家糊口，也不用为每月的房租和衣食而担忧。可是他要给自己的员工发工资，要向国家缴纳税款，要和客户签订合同，还要给自己的产品制定价格。毫无疑问，之前的从商经验是比尔·盖茨获得成功的一个重要基础。如果没有在之前的两个公司积累下来的经验，这些商业事务绝非一个年轻人所能应付得了的。

比尔·盖茨一直素有“工作狂”之称，他有时候工作起来根本不分白天黑夜，他也经常以这种方式来激励同伴：“嘿，我们保证在几个月内完成这项工作，我们必须按时把它完成。”虽然早期的微软只有几个人，但是它极其富有活力。后来，每当比尔·盖茨回想起这段时光的时候，都会不无感慨地说：“尽管那时我们的集体还很小，但是每星期我们都有新产品问世。通常我们的工作是有最后期限的。而且这种有最后期限的工作往往是很富有挑战性，很刺激的。”

创业的艰辛自不待言，因为这时比尔·盖茨还不满 21 周岁，所以他出门的时候是无法租用汽车的。有一次，他去纽约州的应用数位资料系统公司洽谈业务，因为租不到汽车，就不得不打电话让对方过来机场接他。即使是在这样艰苦的环境中，比尔·盖茨仍始终保持着高度的工作热情。他常常每周工作 72 个小时，有时甚至超过 90 个小时。这个时候的比尔·盖茨之所以能够长久地保持着自己的热情，就是因为他有着一个崇高的理想，即“我们希望自己的软件能够对这个世界产生重要影响，让每一张办公桌和每一个家

庭都拥有电脑”。但在外界很多人看来，这只是两个年轻人的异想天开，他们简直是疯了。

2008年，比尔·盖茨在接受《福布斯》杂志采访的时候，曾这样说过：“事实上，曾有人觉得我和保罗·艾伦是愚蠢的。所以你需要建立一家公司，提供产品来证明这一点。”此外，来自行业内的竞争压力才是比尔·盖茨最为担忧的。正如他后来所说：“我早年主要惧怕的是某一个公司会突然进攻，将市场从我们手里抢走。另外，有几家小公司也在不时地制造处理器晶片或生产软件，这使我担心得要命。”

1975年过去了，MITS公司收益甚丰，每月售出阿尔塔计算机好几千台。可是，微软公司就没有这么幸运了，他们在这段时间里才卖出了几百套BASIC程序的拷贝，总共收入只有16000美元。大量的盗版软件让微软公司损失巨大，这让比尔·盖茨不得不下决心，对软件盗版事件加以谴责。1976年1月，比尔·盖茨在《电脑通讯》杂志上发表了《致电脑爱好者的公开信》，其中这样声色俱厉地写道：“对我来讲，现在的电脑爱好者最要命的问题就是缺乏优秀软件、相关书籍和应用软件。如果没有好的软件和一个懂得编程的所有者，个人电脑简直就是一种浪费。高质量的软件可以被业余爱好者写出来吗？……多数的电脑爱好者必须明白，你们中大多数人使用的软件是偷的。硬件必须要付款购买，可软件却变成某种共享的东西。谁会关心开发软件的人是否得到报酬？”

写完了第一封公开信，比尔·盖茨的心里依旧愤愤难平，他认为有必要把反盗版作为一个长期的战斗来进行。1976 年 2 月 13 日，他再一次发表了《致电脑爱好者的公开信》，指出：“我们已经从成百的 BASIC 使用者那里得到了反馈，他们都给予了 BASIC 非常肯定的评价。尽管如此，这里仍有两个令人惊讶的问题：1. 绝大多数‘用户’都没有购买 BASIC（只有不到 10％的 Altair 用户购买了 BASIC）；2. 我们得到的版税如果按照我们花在 Altair BASIC 上的时间来算，每小时不到 2 美元。”

比尔·盖茨的公开信引起了强烈的社会反响，在这之前，大家从来都没有意识到软件盗版的严重性。同时，那些软件的设计者也很少会自觉地捍卫软件的版权。可以说，比尔·盖茨的这些言论为软件行业设定了最初的规则。1976 年 3

月，MITS公司为了进一步扩大个人计算机的影响，在阿尔伯克基召开了“阿尔塔”计算机大会。众多个人计算机的购买者、经销商和程序员云集于此，年仅21岁的比尔·盖茨充当了会议的发言人。从此，比尔·盖茨和他的微软公司也正式走进了公众的视野。

多年以后，比尔·盖茨曾对人这样总结微软公司的成功经验：“有三点对我们确实帮助很大。一是我们的愿景（桌桌有计算机，家家有计算机），从公司创办的第一天起，这种愿景就没有改变过……第二个关键是我们雇佣的人。我们雇佣很聪明、很能干的人……第三点是，我们做事是从长计议。我们当时没有打算上市和发财。”是的，我们与其说比尔·盖茨是一位成功的企业家，不如说他是一个成功的幻想家。从很大程度上说，微软的成功是对未来世界幻想的成功。比尔·盖茨后来也说：“我小时候选择的一个梦想是计算机，我想把它作为一种工具来使用。当时我选择这个梦想并不是说要挣多少钱，建立一个多么伟大的公司，我只是梦想能有这么一个非常出色的工具。”

1977年，美国计算机大会在达拉斯加召开。

这是计算机行业的盛会，当然是很多人都乐意参加的。可是参与这样的大会，就意味着一笔数目巨大的开销，因而很多中小厂家都对之望而却步。可让很多人都没有想到的是，当时还根基不稳的微软公司竟然掏空了家底来参加这次大会。因为比尔·盖茨清楚地认识到，参加这样的大会绝不只是抓住一个抛头露脸的机会，关键是它可以让自己更有远见。

在这次大会上，比尔·盖茨做了震撼人心的发言，他一针见血地指出："一直到今天，软件还主要是由硬件商来开发，他们已经挣到了很多钱，而这些钱中的一部分应该属于软件行业。硬件商们为了吸引顾客，把软件当成亏本销售的物品，不负责任地给它们定低价，使得软件的价格始终上不去。长此以往，人们会形成一种看法，认为软件不算什么，不应该卖高价。再加上软件产品很容易被盗版，很多正版产品面临冲击，所有这一切严重地挫伤了软件开发人员的积极性，造成了软件行业发展乏力的局面。"比尔·盖茨的发言切中要害，赢得在场人士的高度关注，他们以异样的目光打量着这个年轻人。也许，就在此时此地，他们中的一些人已经隐隐地预感到，一个强大的对手正在崛起。

在个人电脑日新月异的发展中，阿尔塔 8800 的弊端也慢慢暴露出来，再加上 MITS 公司生产的电路板经常不能稳定地运行，以至于它的客户开始大批量地流失。另外，MITS 公司在意的从来都是硬件的销售量，而很少留心市场上的程序盗版事件。在与 MITS 公司合作期间，微软总共才获得了 18 万美元的版税收入，这个结果令比尔·盖茨极为不满。在个人电脑行业巨大的竞争压力之下，MITS 公司终于再也扛不住了。

1978 年，MITS 公司被 Perterc 公司收购。然而，此时的罗伯茨却做了一件很不地道的事情，他为了抬高 MITS 公司的身价，竟然擅自对 Perterc 公司宣称自己拥有 BASIC 语言程序的版权。对于 Perterc 公司来说，这当然是一个意外的惊喜，双方很快就收购达成协议。收购事宜一结束，Perterc 公司就迫不及待地向外界宣布：自己享有 BASIC 程序的绝对版权，其他公司只有得到它的授权后，才能使用该程序。得知这一消息，比尔·盖茨又惊又怒，马上就去找 Perterc 公司交涉。可是，对方坚持认为，在收购 MITS 公司的时候，同时也买断了 BASIC 程序的版权，因此根本不买微软的账。

在父亲威廉的建议下，比尔·盖茨决定与Perterc公司对簿公堂，索回BASIC程序的所有权。法院受理了此案，可是在对案件调查期间，法院却冻结了BASIC的版权，双方都不允许使用。在等待法院调查的这段日子里，微软公司可以说是举步维艰，比尔·盖茨不得不从自己的员工那里借来了25000美元，用以维持公司的日常开销。经过漫漫9个月的调查，法院最终认定Perterc公司的行为属于侵权，并责令其交出BASIC程序的所有权，微软终于赢得最后的胜利。后来，每当比尔·盖茨回忆起这个案件，就不免恨恨地说："他们企图把我们饿死，我们甚至付不出律师费。所以当他们有意与我们和解时，我们几乎就范。事情到那么糟糕的地步，仲裁者用了9个月才发布那该死的裁决。"

1978年应该说是微软历史上关键性的一年，它标志着早年的微软经过一系列的磨炼之后，终于在市场上站稳了脚跟。随着个人计算机行业发展的蒸蒸日上，微软的业务也在不断地扩大。这一天，比尔·盖茨接到了一个来自日本的电话。打电话的是一个与他年龄相仿的日本人，名叫西和彦，声称对微软公司的产品很感兴趣。一席交谈过后，西和彦真诚地邀请比尔·盖茨前往日本考察市场，并愿意为他提供往返机票。这时，比尔·盖茨正在为微软的一些事情焦头烂额，根本无暇抽出时间，只好和西和彦约定在美国见面。

几个月后，两个人终于在安纳海姆的展销会上见面了。两个人一见如故，一口气谈了 8 个小时。西和彦认真地给比尔·盖茨详细地分析了日本市场的特点，并表示愿意做微软在远东的代理人。这位其貌不扬而又举止夸张的日本人很是得比尔·盖茨的赏识，并成为他最好的朋友之一。在这次交谈过后，双方一次就达成了 1.5 亿美元的交易。第二年，西和彦就在日本为微软找到了第一个个人电脑合作项目 NEC－8000，微软在日本市场成功登陆。

当初，比尔·盖茨和保罗·艾伦之所以把公司设在阿尔伯克基的公园中心大厦，主要是因为与 MITS 公司合作的需要。可如今，这个合作终结了，为了打开新的局面，两个年轻人决定把微软迁回到他们的家乡西雅图。经过认真考察，他们选择了贝尔维尤作为公司新的落脚点。对于这次搬迁，比尔·盖茨曾对人说：“把公司搬到西雅图，我花了一些时间向每个人说明我的想法。不过，实际上到最后除了我的秘书外，每个人都同意了搬迁。”这位秘书到底是谁，竟会让年轻的比尔·盖茨对她如此在意？

早年微软的人和事

当年微软和惠普准备签署一项合作协议，可就在协议签署的前一天，比尔才想起来公司的场地问题还没解决。于是，他和保罗就匆匆在阿尔伯克基公园中心大厦租下了4个房间当作办公室，然后又动员大家凑了一些办公用品。等协议顺利签署之后，这里也就成了微软公司的第一个办公地点。这时，比尔又意识到另一个现实问题，就是要有一个专门负责公司日常杂务的秘书才行，便委托员工伍德为自己物色一位秘书。

于是，伍德就找来了一些年轻女性的档案资料，比尔一一看过之后，觉得这些女孩子都只是徒有其表，根本就没有相关工作经验，便全部给否决了。伍德没有办法，就只好送来了露金的资料。虽然露金做过文秘、会计等工作，但是此时的她已经42岁了，而且还是4个孩子的母亲。谁知道，比尔一看完露金的资料，回头便对伍德说，就是她了。就这样，年过 40 的露金成了比尔·盖茨的第一任秘书。

刚来微软上班的第一天，露金就闹出了一个笑话。那天早晨，露金刚把总裁办公室收拾完毕，就看见一个年龄不大的男孩子闯了进来，很随便地和她打了个招呼，就坐在老板的办公桌前摆弄起了电脑。露金觉得很纳闷儿，心想这孩子到底是谁啊，这么随便，还动这动那的。露金开始还以为是老板的什么亲戚，也不敢上前阻止，就急急忙忙地跑到伍德那里，并对他说：“有个小孩儿进了总裁办公室，还乱碰东西。”伍德一听就明白了事情的原委，笑道：“他可不是小孩儿，那就是我们的总裁。”这件事也成了微软的一大轶事。

比尔·盖茨看起来确实太年轻了，他甚至像个长不大的孩子。可是，他在用人方面却显示出了极为老道的一面，就连对秘书的选择也显示了他的明智。露金固然不是那种年轻靓丽型的女郎，但是她极为稳重干练，再加上她又是一位母亲，有着年轻女性所没有的细致。她把这个小公司简直看成了自己的家，比尔和保罗就像是她的孩子。她不仅是一个秘书，简直可以说是早期微软的内务总管。发工资、记账、接订单，甚至包括采购，这些活儿都被她一下子包揽了。另外，她还格外细心地照顾着比尔和保罗的日常起居。这两个年轻人都喜欢熬夜，一般中午才开始上班，一忙就忙到深夜，有时甚至是通宵。露金就在办公室里准备了毯子，以便这两个年轻人随时休息。

对于年轻的比尔来说，露金不仅是一位干练的秘书，他和保罗还从她那里找到了一种母爱的温馨。因而当比尔和保罗决定把公司迁到贝尔维尤的时候，他们最舍不得的无疑就是这位露金女士了。因为露金的丈夫在阿尔伯克基还有自己的事业，所以她无法随其他员工一起搬迁。不只是比尔，微软的很多员工都对细心的“阿姨”恋恋不舍。当分开的时候，比尔·盖茨握着露金的手，动情地说：“微软永远给你留着位置，随时欢迎你的到来。”三年后的一个冬天，露金终于说服了自己的丈夫，举家搬迁到西雅图，又重新加入了微软的大家庭。

搬迁到贝尔维尤是微软事业的一个新开始，微软公司也由此逐渐壮大起来，并一步步地走向世界。1979 年 6 月，英特尔公司推出了 8086 微处理器芯片，速度是老处理器的 2 倍。在此之前，比尔·盖茨就已获知英特尔公司正在研发 8086 微处理器芯片这一消息，而且胆大的比尔·盖茨和保罗·艾伦还做出了一个令人匪夷所思的决定——提前开发出适用于 8086 芯片的新版 BASIC 程序，让软件的开发先于硬件的生产。1979 年 6 月，在纽约的全国计算机大会上，微软的新版 BASIC 程序与英特尔公司的 8086 芯片同时亮相展出，让在场的人都大吃一惊。也就是在这一年，微软挺进了欧洲市场。

与此同时，微软还召开了第一次员工大会，此时的微软还只是一个拥有 16 名员工的小企业。在这次大会上，比尔·盖茨充满激情地对他手下的员工说：“我所从事的事业是世界上最美妙的事情，我喜欢每天都去工作，在这个过程中，我每天都会遇到挑战，每天都可以学到新东西。如果你能像我这样对待工作，我保证你永远不会对工作感到懈怠。”事实上，比尔·盖茨一直都是带着激情在工作。据微软公司内部人士透露，从 1978 年到 1984 年这 7 年的时间里，比尔·盖茨的假期仅有 15 天。

值得一提的是，年轻的比尔·盖茨绝对不是

一个单枪匹马式的英雄主义者，他还是位善于聚揽英才的领袖。随着微软业务的开展，比尔·盖茨越来越强烈地感觉到，自己太需要一个负责管理的专门人才了。可是，到目前为止，微软的16位员工都是程序员，年轻的比尔·盖茨在公司里必须方方面面一起抓。这样，管理事务就分去了他很多的精力。就在这个时候，一个熟悉的面孔在他的眼前一闪而过。对，他就是比尔在哈佛“雷电房”的室友——史蒂夫·鲍尔默。此时的史蒂夫·鲍尔默正春风得意地在斯坦福大学里攻读MBA。他进斯坦福大学的第一年就获得了两项10000美元的奖学金，这会儿正声名大噪。要去劝说这样一个高才生退学，比尔·盖茨的确是费了一番脑筋。

1980年6月，比尔·盖茨邀请了史蒂夫·鲍尔默来西雅图的家中做客，并让自己的父母陪他一同用餐。而后，比尔·盖茨又驾驶自己的汽车载着这位朋友把西雅图玩了个遍，当然也参观了位于贝尔维尤的微软公司。在一艘游艇上，比尔·盖茨向鲍尔默摊开了底牌，正式邀请他出任微软的总裁助理。当时两个人具体谈了些什么，旁人当然是无法知晓的。最终，鲍尔默决定退学来微软工作，而比尔·盖茨则付给了他 50000 美元的年薪和 7%的股份。无论是在情感上还是在金钱上，比尔·盖茨在鲍尔默的身上都是花了大价钱的。在微软公司的历史上，还没有一个员工在应聘时享受过鲍尔默的待遇。

在刚进微软的时候，鲍尔默的工作并不好做。一方面，鲍尔默对计算机完全是个外行，对程序编写更是一窍不通；另一方面，则是因为鲍尔默的薪水比很多人都要高。在微软的老员工看来，这两点都是不可理解的。另外，鲍尔默与比尔·盖茨的关系也显得过于亲密，他常在比尔的办公室里办公，最后竟然直接搬了进来。上下级之间的这种反常表现，让其他员工很是不满。不过，后来的事情证明，比尔·盖茨选择鲍尔默是正确的。

鲍尔默的身上有着一种天然的领袖气质，很多时候，他的严厉程度甚至超过比尔·盖茨。鲍尔默还是一个激情式的人物，极其善于凝聚人心。鲍尔默的到来，让比尔·盖茨如虎添翼。有人曾经这样打比方，如果说比尔·盖茨是微软的大脑，那么史蒂夫·鲍尔默就是微软的心脏。这位微软公司的大掌柜曾这样对自己的传记作家说："要经营微软，真的需要我每天 24 小时启用 8 个大脑。"另外，鲍尔默不仅是比尔·盖茨的好员工，也是他的挚友。一旦比尔·盖茨决策有失误的时候，鲍尔默就会以朋友的身份冲他嚷道："我跑到微软来，可不是为了弄得倾家荡产。"

后来，比尔·盖茨曾不无自喜地这样对人说："我最成功的商业决策在选材任人方面。跟我的副手保罗·艾伦合伙创业可以说是我最成功的一次决策。其次是雇佣我的好友史蒂夫·鲍尔默，这些年来他一直是我重要的商业合伙人。有一点非常重要：你所雇佣的人必须是你能完全信赖的，能全身心投入的，跟你有共同看法的，但同时也要有一定的独到见解并能对你有一定制约作用。当你采用了他的某些想法时，他还会说，等一下，你想过这点或那点吗？充分发挥这类人的才能，其好处在于不仅能使经营充满乐趣，更主要的是还能获得成功。"

微软与其说是一个公司，不如说更像一所大学，每个人在这里都能找到在校园里的感觉。而他们的老板比尔·盖茨更像是一个年轻的学长，他给人的印象依旧是那样随和，头发经常不大梳理，戴着一副高度近视镜，穿着一件普通衬衫，

天冷了就在外面套一件毛衣。后来，比尔·盖茨回想起早年微软的情形时，也说："那时，我们的办公室不像公司却像个学校。我们都非常随意，没有毫无意义的层次之分，任何人只要有问题，或者设想一个新产品，或者考虑到我们的竞争对手正在做的，他们都会走进我的办公室。我们不在意我们的程序员如何穿着，或者他们如何组织一个会议。我们只关心他们做出的伟大软件。我们感到我们的杰出体现在我们的产品中，其他的一切都是次要的。"可以说，在年轻的员工们看来，微软是一个充满理想的家园，而比尔·盖茨就是他们的偶像。他们无不渴望像自己的老板一样，通过自己设计出的程序来改变世界。

在这个时候，所有的微软人都是在为自己的理想而奋斗着，他们很多时候都是自愿地加班熬夜。第二天早晨，当他们两眼通红地走进快餐店的时候，人家还以为他们是夜不归宿的社会青年。当被问及职业的时候，这些年轻人总会彬彬有礼地回答说："我们是程序员。"这个时候的比尔·盖茨也是最单纯的，他甚至还没有刻意地想过要挣多少钱，或者是自己的公司要发展到多少人等这些功利性的问题。后来，他曾对人这样说："想想我和保罗·艾伦在创建微软时都写了些什么，有一半的东西是我们希望通过软件加以实现的想法。"年轻的比尔·盖茨每每看到电脑行业中的那些大亨的名单时，总是会对这些公司充满无限的崇拜，却怎么也没有意识到，自己正在一步一步地走进这个行列，更不会想到自己有朝一日也会名列其榜首。

1980年，微软公司又迎来了一个天才式的人物——查尔斯·西蒙伊，此人曾被比尔·盖茨誉为"微软的创收火山"。西蒙伊是匈牙利人，此时正在大名鼎鼎的施乐电脑公司的研究中心工作。他因为自己的想法不能得到上司的重视，就萌生了跳槽的念头。一次在餐厅就餐的时候，西蒙伊就对自己的朋友流露出了这个念头。于是，这位朋友就向他提供了一份电脑公司的名单，西蒙伊抱着试试看的态度选择了较为年轻的微软。

当西蒙伊来到微软公司的时候，受到了比尔·盖茨的亲自接见，而且为了表示尊重，比尔·盖茨还特意换上了西装。双方仅仅交谈了5分钟，西蒙伊就决定来微软工作。当比尔·盖茨听西蒙伊谈完对应用程序和图形界面的想法之后，立马就花了10万美元买来了施乐公司的"星"牌电脑和镭射打印机供其研究。比尔·盖茨的魄力和远见，着实让西蒙伊钦服万分。事后，西蒙伊对人说："我知道比尔·盖茨没有足够的资金去实现这些想法，有趣的是，拥有10万名员工和几十亿美元资产的施乐公司对这个项目视而不见，而年纪轻轻的比尔·盖茨却可以提供一切。"当施乐公司的同事们听说西蒙伊跳槽到微软的时候，都觉得大跌眼镜。可是，最终的事实却证明，西蒙伊的选择是正确的。到了微软之后，西蒙伊还说服了很多人来微软工作。

虽然年轻时的比尔·盖茨是那样桀骜不驯，有时也不乏狂傲，但是在真正的饱学之士面前，他的表现往往恭敬到了极点。在Windows系统问世之前，比尔·盖茨去请一位高人出面。这位高人见了比尔·盖茨，劈头就说："我没有见过比微软生产的更糟糕的系统了。"比尔·盖茨非但没有生气，反而谦逊地笑着说道："所以我才来请您啊。"比尔·盖茨这种礼贤下士的姿态，为微软积累了良好的信誉资本。他曾这样解释微软的用人秘诀："我们如何雇佣到这些伟大的天才呢？当然是靠人们的传言了。人们说，到微软来吧，在这儿工作还不错。"同时，对那些推荐人才的员工，微软也总是给予各种相应的奖励。

另外，比尔·盖茨也清醒地认识到，企业想要永久地保持活力，就必须大量地起用年轻人。在微软每年聘用的新员工中，有75%都是应届大学毕业生。尤其是在微软成为一个超级跨国公司之后，这一点表现得更为突出，它的目标就是把世界上5%的顶尖人才吸纳进来。为此，微软还专门成立了一支为数220人的招聘团队，每年要遍访世界上130多所著名大学，举行7400多次面试，最后才会录用2000人左右的新员工。

为了聚集更多的人才，比尔·盖茨一方面积极地招贤纳士，另一方面则千方百计地营建舒适的工作环境。不管是在贝尔维尤，还是在后来的雷德蒙德，微软给人的感觉始终都像一个大学校园。比尔·盖茨是这样认为的："我们有意营造校园般的感觉，我们基本上只选用年轻小伙子，他们很多人离开了家，就像考上了偏远的大学，而我们搬迁使他们横跨美国。怎么样使他们过得舒坦些？他们未必愿意外出或热衷于各种社交活动。他们不会轻易地外出结交朋友，又不想参与当地五花八门的活动，况且我们公司需要这些年轻人精力集中地工作，所以我们想让他们有个舒

适宽敞的环境，让他们有归属感，这样的工作氛围更会让人感到亲切。”微软不但工作环境像大学校园，而且公司的一些活动也很像学术交流。比如公司每年一度的“蓝碟”午餐会就是很多人坐在一起交流经验，很像大学里的学术讨论会。

1985 年，微软搬迁到华盛顿州的雷德蒙德，这里也就成了今天微软总部的所在地，占地面积达 270 英亩，完全是校园式环境。有位作家曾这样描述它：“如果有人在园内漫步，一定会认为这是一所大学的校园，而非公司。在垂柳婆娑的‘盖茨湖畔’，两位程序编写员正在玩耍；不远处有一位亚洲型的妇女，用细棍灵巧地敲着东方竖琴式的乐器，一位蓄着胡子的吉他手正在为她伴奏。松鼠在树梢上跑跳、嬉戏，野鸭在草地上悠闲、蹒跚地走来走去。偶尔，几个慢跑者和骑自行车的人从它们旁边经过，也没有把它们吓跑。园内高耸的松树林将微软公司与外界的尘世隔离开来，如此宽敞的环境让路人钦慕不已，也让员工们更加努力地为公司工作。”

可是，我们必须要知道，这种惬意的环境只是微软的一个表面印象，它的内里则是残酷的竞争和淘汰机制。微软的员工在智商方面绝对都是一流的，他们大都来自哈佛大学、耶鲁大学、麻省理工学院等世界一流高等学府。这些高才生在面试的时候，常常会面对一系列让人神经崩溃的问题，比如：为什么下水道的盖子是圆形的？你和你的导师发生分歧怎么办？两条不规则的绳子，每条绳子的燃烧时间为1小时，如何在45分钟烧完两条绳子？全美有多少加油站？在面试考官一连串的追问之下，即便是最优秀的应聘者也往往会乱了方寸。然而，即便如此，微软依然是全球优秀学子所向往的地方，微软总部每周都会收到来自全球各地的大约1000多封求职信。

这么多的优秀人才之所以选择微软，不仅是为了挑战自己，还因为他们相信，只有来到这里，自己才有机会改变世界。在微软内部，有88%的员工认为这里是最佳的工作环境。可是要知道，在每年的综合考核中，成绩靠后5%的员工要惨遭淘汰。大家都以比尔·盖茨为榜样，每个人都在拼命工作，以至于比尔·盖茨有时候不得不锁上办公室的门，强迫大家去休息。我们从下面的一组数据中也可以体验到微软员工的生活状态：雷德蒙德的微软园区内每天大约都要消耗3500块比萨饼、2400个汉堡、1000只鸡、48000

罐饮料。每年回收废品：易拉罐 112 吨、白纸 197 吨、混合纸 581 吨、纸板 461 吨。在微软总部的每栋办公楼里，都设有快餐厅，24 小时服务，为那些加班熬夜的员工提供方便。另外，为了保证大家富有激情地工作，园区内所有含咖啡因的饮料都是免费的。

很显然，在比尔·盖茨手下工作绝不是一件容易的事情。这位年轻的老板有时候很随和，员工们甚至可以向他借钱去酒吧，但是也常常会被他那严厉的言辞弄得不知所措。比尔·盖茨是一个不会容忍失误的老板，一旦发现某人的观点错误，就会毫不留情地指出来。他最常说的一句话就是："这是我一生中听到过的最愚蠢的事情了。"如果他发现某人观点新异，便会说："你简直是荒谬！"有位曾在微软工作过的员工谈起这位老板时，曾这样说："有时你会恨他，而有时你又会爱他，但他总是促使你比原先更优秀。"这句话也许最能真实地体现微软员工们对这位老板的感受了。

微软与 IBM

到 1980 年的时候，比尔·盖茨比往年更忙碌了。此时的微软已经是家粗具规模的小公司了，它拥有 40 多名员工，年销售额约 700 万美元。这年 7 月的一天，比尔·盖茨像往常一样约了一个重要的客户见面。正准备出发的时候，电话的铃声突然响了。比尔·盖茨急忙拿起了电话，对方一报家门，就把他吓了一跳。对方自称是 IBM 公司的特使，希望能约个时间和他谈谈。鼎鼎大名的 IBM 怎么会找到自己这个名不见经传的小公司呢？此时的比尔·盖茨已经交上了百年难得一遇的好运，可是他自己竟浑然不觉。

除了惊诧和纳闷之外，比尔·盖茨还真没有别的想法。而且自己还有要紧事要办，于是就老实地向对方说明了情况，表示可以改天再谈。可谁知道，对方竟然以不容拒绝的口气说，他们已经出发了，两个小时后就会赶到微软公司。这个时候，比尔·盖茨才真正意识到事情的重要性，他想不紧张都是不可能的了。因为像 IBM 这样的大牌公司竟如此兴师动众，谈的肯定不是一般的业务，比尔·盖茨马上取消了所有的安排。

在那个时候，有谁不知道 IBM 是全球计算机行业的老大！这个公司创建于 1911 年，最开始是以制造钟表起家的。到了 50 年代，IBM 开始转向计算机行业，并逐步成为全球最大的计算机生产商。到了 70 年代的时候，IBM 公司生产的计算机已经占据了欧美市场的半壁江山。如果中间没有联邦政府插一杠子，对其发展模式加以限制的话，那么 IBM 的发展规模会让人更加难以想象。因为 IBM 的所有员工一律都穿蓝色的工作制服，所以它也被外界称为“蓝色巨人”。过去，IBM 所生产的计算机，一般都是适用于企业的大型计算机，大概有摄影棚那么大。到了 70 年代末，个人计算机市场的蓬勃发展也让这位“蓝色巨人”猛然间看到了个人计算机市场的辉煌前景。于是，IBM 就成立了“国际象棋”研发小组，并授权这个小组全权负责个人计算机的研发工作。

与比尔·盖茨在电话中联系的，就是“国际象棋”研发小组的成员杰克·萨姆斯。杰克·萨姆斯不但是一个谈判桌上的高手，他本人也是一个资深的程序员。至于他是如何找到默默无闻的微软的，这已经不是那么重要了。不管怎么说，当接到 IBM 公司电话的时候，比尔·盖茨还是感到受宠若惊。在功成名就之后，比尔·盖茨每当说起与 IBM 的合作时，仍然这样坦诚道：“那次与IBM公司合作，我们攀了高枝。”

面对IBM这样的大公司，比尔·盖茨也知道，只有自己不卑不亢，才能赢得对方的尊重。可对方并不这么看，当萨姆斯等人见到比尔·盖茨的时候，并没有把他放在眼里，因为他们把这个“娃娃脸”样的男孩子当成了微软公司一个普通的办事员。在谈了几分钟之后，萨姆斯才觉得有点儿不对劲，感到对方的应变能力极为出众，甚至不在自己之下。一问才知道，这个“娃娃脸”就是微软公司的总裁比尔·盖茨。第一次会面，双方就进行了极具实质性的会谈，比尔·盖茨的出色表现也给萨姆斯留下了深刻的印象。但是，比尔·盖茨并没有因此而得意忘形，因为他清楚像IBM这样的大公司办事往往都有自己的一套规则，他们的正式谈判还没有开始。

果然不出所料，IBM很快就和微软约定了正式谈判的时间和地点。在谈判开始之前，由于太过匆忙，比尔·盖茨穿了西装竟然忘记了打领带。直到出发后，他才忽然意识到这一点，只好从附近的商场里临时买了一条。这次会谈的场面确实严肃多了，IBM这边连同萨姆斯一共来了6个人，而微软这边则来了比尔、保罗、鲍尔默和另外一名资深程序员。谈判一开始，萨姆斯就拿出了一份《IBM 保密协议书》让比尔签字。初次遇到这样的场面，比尔·盖茨感到非常别扭，但他还是郑重其事地在协议书上签了自己的名字。

可惜的是，这次谈判的结果对双方来说都不理想，因为 IBM 生产的个人计算机采用的是当时市场上最先进的十六位微处理芯片。而此时的微软还没有开发出自己的操作系统，并且 IBM 的个人计算机正急于上市，必须要在极为有限的时间内交货。比尔·盖茨一下子没有了底气，只好老老实实地交代了实情，并向 IBM 的人推荐了数字研究公司。数字研究公司的老板是加里·基尔代尔，正是比尔·盖茨当年心目中的偶像，如今却是他最强劲的竞争对手。比尔·盖茨这一举动，既让萨姆斯佩服又让他感到惋惜。哪里有这样做生意的，放着送到嘴边的肉不要，反而去送给自己的对手？

事实上，比尔·盖茨何尝不知道与 IBM 合作是一个千载难逢的机遇。最主要的原因是，他们手里还没有操作系统，而且也不大可能在有限的时间内开发出像样的操作系统。当比尔·盖茨后来对人回忆起这件事情时，曾这样说过：“当我们把 IBM 送到数字研究公司那里之后，我们意识到可能犯了一个错误。”然而，最令微软庆幸的是，数字研究公司并没有把握住这个千载难逢的机遇。此时，它的老板基尔代尔正驾驶着自己的私人飞机在外地度假，IBM 公司的特使只是由他的夫人做了礼仪性的接待。最要命的是，基尔代尔本人一向恃才傲物，待人接物向来都是那样冷淡。与比尔·盖茨恰恰相反，他并没有把与 IBM 的合作看得有多么重要，而且开出的价码也高得离谱，每个操作系统的拷贝定在 129 美元，这着实令 IBM 公司难以接受。

就在 IBM 与数字研究公司的谈判陷入僵局的时候，比尔·盖茨获知西雅图计算机制造公司开发出了 86－DOS 操作系统，正好保罗·艾伦和这家公司的老板布洛克是老交情。于是，比尔·盖茨就急忙让保罗·艾伦出面和布洛克取得了联系，说微软想获得 86－DOS 系统的绝对所有权，并开出了一个对双方都极为有利的条件，只是没有说出与 IBM 合作的事情。最终，微软以 5 万美元的价码，从西雅图计算机制造公司买回了 86－DOS 的绝对版权。而后，比尔·盖茨和他的同伴们火速出击，在没有见到 IBM 个人计算机的情况下，开始了一套严密的改装计划。这就是微软公司开发出的第一个操作系统，即 MS－DOS 系统。

当 IBM 与数字研究公司闹得难解难分之际，微软却表示可以以非常低的价格为 IBM 的个人计算机开发操作系统。因为 IBM 的个人计算机上市在即，此时的萨姆斯等人早已是心急如焚。在得到比尔·盖茨的确切保证之后，IBM 立即决定放弃数字研究公司，而选择微软。对于微软来说，这绝对是一场命运攸关的谈判。多年之后，比尔·盖茨再度回想起这次谈判，仍然不免心有余悸地说：“当 IBM 个人计算机即将销售的时候，数字研究公司同 IBM 要签一份合约，一份确实非常可怕的合约，但是他们给 IBM 的价格有些高。我们的价格是 50 美元，而他们的价格是 129 美元。到了 1985 年，显然 MS－DOS 取得了胜利。”

在与 IBM 合作的事情上，年轻的比尔·盖茨再度表现出了一种常人所不具备的决断力，这也让前来谈判的 IBM 公司的特使们大吃一惊。在签约的时候，IBM 公司的技术人员问比尔道：“像你这样的人，你们公司有几个?”比尔·盖茨极为从容地回答说：“可以说我们公司的每个人都这样。”随后，他又加了一句，“我是我们公司学历最低的，只上过两年大学。”顿时，对方肃然起敬。

就在这时候，IBM 公司的新任董事长奥佩尔从比尔的手中接过来微软的合同书，看了一遍，笑道：“就是玛丽·盖茨的儿子那家公司吗？”比尔·盖茨点头说是，然后，双方就各自在合约上签了字。其实，比尔·盖茨的母亲玛丽正是 IBM 公司的董事会成员，而奥佩尔董事长也正是她的好朋友。可是，在整个谈判过程中，比尔·盖茨却凭着自己的优秀表现不但获得了这次宝贵的商机，而且也赢得了对方的尊敬。

能够与 IBM 这样的公司合作，当然不是一般人所敢奢望的。这中间既有机遇方面的因素，甚至也少不了比尔·盖茨的母亲从中发挥的作用。可是，在这次合作的过程中，比尔·盖茨却表现出了非同寻常的远见卓识，实力更强的基尔代尔反倒显得很被动，以至于处处失策，最终与这个百年难得一遇的商机失之交臂。如果没有与 IBM 公司的合作，微软确实很难像今天这样发展壮大。就连比尔·盖茨也极为坦诚地对人说：“假若当初没有与‘蓝色巨人’IBM 的首次合作，没有和强大的英特尔公司结盟，微软也许至今还只

是个编程序的小公司。”

我们不得不说，任何一个重大机遇，往往都是得失杂糅的，只有那些果敢而又有远见的人才不会坐失良机。事后，比尔·盖茨曾意味深长地说过这么一句话：“如果你想同时坐两把椅子，就会掉到两把椅子之间的地上。我之所以取得了成功，是因为我一生只选定了一把椅子。”比尔·盖茨又何尝不知道与 IBM 合作的价码太低，可是他更看重未来的市场份额。

在拿到与 IBM 的合作协议后，比尔·盖茨一点儿也没敢放松，他和保罗又发扬了那种“工作狂”的精神，并如期向 IBM 公司提供了 MS－DOS 操作系统。1981 年 8 月 12 日，IBM 对外界宣布，由它所生产的个人计算机问世了，消息在《华尔街日报》一经刊出，就立刻引起了强烈的社会反响。有业内人士预计，IBM 的进入将对个人计算机行业产生深远影响，并将在 10 年内引领该行业。在 IBM 所生产的每台个人计算机上，都配备着微软公司的 MS－DOS 操作系统。靠着 IBM 这棵大树，微软的年销售额一下子翻了几番。到 1982 年年底的时候，微软公司的年收益已经高达 3400 万美元，员工的数量增至 200 多人。

的确，IBM 可以说得上是微软的命中贵人，比尔·盖茨也在这次合作当中赚足了钱。不过，比尔·盖茨没有得意忘形，倒是有点儿惴惴不安。因为他再清楚不过了，微软与 IBM 在实力上差距太大，如果不趁势壮大自己，那么很快就会被人抛弃，或者被人玩弄于股掌之间。而且以比尔·盖茨的要强个性也绝对不会甘心久居人下。他更不想让外界老是觉得，是因为 IBM 的选择，才有了微软的发展。于是，在微软与 IBM 通力合作的背后，暗藏着一种力量的角逐。当然，此时的微软还无法撼动 IBM 在行业中的地位，只是这位“蓝色巨人”并没有预料到这一点。IBM 公司的高层主管们还在一厢情愿地认为，是他们的纡尊降贵成就了比尔·盖茨和他的微软公司。他们以为凭借着自己的财大势大，就可以对年轻的比尔·盖茨掌控自如。

事实上，IBM 的这种心态正是大公司对待小公司的惯有逻辑，它后来也是吃亏在这一点上。因此多年之后，当微软的实力超过 IBM 成为行业老大时，比尔·盖茨一直在不停地警告手下人：不要以大公司的心态来考虑事情，那对自己是很危险的。显然，这很大程度上正是来自 IBM 的教

训。虽然此时的微软规模还不算大，但是活力十足，这里的员工和老板都在一样拼命。在企业文化方面，微软和IBM的差异也越来越明显地表现出来了，后者慢慢地滑向了一个不利的位置。有位记者曾这样写道："当我近距离检视微软的运作时，震撼我的不是这家公司的市场占有率，而是该公司拟定决策时那种密集、务实的深思熟虑。据我观察，微软不像昔日的IBM那样，在墙上挂着训斥员工'要思考'的牌子，但是'思考'彻底渗入了微软的血脉里。"

确实，微软的员工不像IBM的员工那样，必须身穿制服，必须待在自己的办公室里。他们常常是衣冠不整，有时甚至是穿着拖鞋来上班，在办公楼里跑来跑去，进行着各种讨论和交流。正是在这种外松内严的氛围中，很多超前的创意诞生了。在整个20世纪80年代的软件市场上，微软可谓所向披靡，它常常将对手消灭于无形之中。也正是随着微软的不断扩张，它与IBM之间的竞争态势也越来越明显，最终演变成一场没有硝烟的战争。

1985年，微软拟将与IBM联合开发OS/2系统。根据协议，研发出的新系统将由双方共享。

IBM 可以免费将其安装于自己所生产的个人计算机上，同时微软也可以将其转售给其他厂家。而令 IBM 根本没有想到的是，此时微软正在潜心研发新版的 Windows 系统，一旦这个系统开发出来，也就意味着微软和 IBM 将从此分道扬镳。因此微软与 IBM 的这次合作，完全是一种“明修栈道，暗度陈仓”的策略。

在 OS/2 系统的研发工作刚开始，比尔·盖茨就将自己的员工从研发队伍中一一撤出，悄悄地投入到 Windows 2.0 版的研发当中。其实，聪明的微软员工们也早已心知肚明，他们这位年轻的老板是要和 IBM 分庭抗礼了。于是，他们干起活来也就更加拼命了。不过，在很多人看来，这场不见硝烟的战役无疑是场孤注一掷的赌博游戏，大家也着实为比尔·盖茨捏了一把汗。事情过去之后，比尔·盖茨也这样对人说：“为了脱离 IBM，我们已经把赌注都压在 Windows 2.0 版上了。”1988 年，当微软的 Windows 2.0 版正式上市的时候，IBM 的高层才意识到自己被蒙蔽了，一时间又惊又怒。

看到“蓝色巨人”被激怒，它的那些对手们却无不弹冠相庆，康柏、司慧图等公司纷纷向微软伸出了援手，支持它与IBM公司对抗。这更是IBM高层所始料不及的，明明是微软先背叛了自己，最后反倒把自己弄得四面楚歌。由于IBM公司所推出的OS/2系统市场反响很不理想，在很多人看来，它的性价比与微软的Windows 2.0根本就没法比。因而Windows 2.0非但没有受到OS/2系统的任何影响，其销量反而有着明显的增长趋势。

即便如此，比尔·盖茨也没有安享胜利的愉悦，而是乘胜追击，马上又组织队伍去开发Windows 3.0。如果说微软推出Windows 2.0意味着它要与IBM分道扬镳的话，那么Windows 3.0的推出则就意味着微软公开向IBM发起挑战了。因为在所有的个人计算机上，Windows 3.0与OS/2之间完全是相互排斥的，用户们只能在它们两者之间选择其一。由于Windows 3.0的性能更好，也就使得IBM所推出的OS/2系统再无翻身之日了。IBM对微软的行为简直是怒不可遏，昔日的亲密盟友，从此成为商场的死敌，以至于在OS/2 2.0问世的时候，IBM使用了这么一句广告词："比DOS更好的DOS，比Windows更好的Windows。"从这一系列的事件中，我们也不难看出，这两家公司的恩怨之深。

1990年的时候，微软的年销售额已经突破了10亿美元。在对手们的震怒之中，微软迎来了隆重的15周年庆典。在这个历史性的时刻，比尔·盖茨面对微软的全体员工，终于有底气说出了这样的话："我们与IBM的关系应朝着公平的方向发展，因为我们已经成为更为出色更为强大的公司。我们今天已经确立了自己的行进标准，人们不再认为这只是由于IBM选择了我们。"从此之后，微软登上了计算机软件行业的霸主宝座。1996年，《美国软件导报》杂志公开声称："是微软公司，而非IBM公司，在推动世界软件产业的发展。"

最年轻的亿万富豪

有件事情是湖滨中学的哈克斯至今仍记忆犹新的，那是在高中毕业之前，有位同学约他去打羽毛球。那天天气有点儿热，他们打完球之后，就一起去餐厅喝冷饮。因为大家毕业在即，他们一边喝着饮料，一边谈着自己的理想。那位同学告诉哈克斯说："我要在25岁之前赚到我的第一个100万。"哈克斯一听乐了，险些被饮料呛住，他搂着这位同学瘦削的肩膀哈哈大笑，可对方却是仍然一副很认真的样子。那一年，他们才 18 岁。虽然哈克斯也知道这位同学的厉害，但是他觉得 100 万这个数字还是大了点。

数年之后，当哈克斯再一次听到比尔·盖茨这个名字的时候，才知道那位同学不仅实现了当年的誓愿，而且赚到的钱是“100 万美元”的数百倍。事实上，比尔·盖茨的能量比他本人想象中的要大得多。1986 年 3 月 13 日，微软公司股票在纽约交易所正式上市，31 岁的比尔·盖茨立时身价数亿，成为当时世界上最为年轻的亿万富豪。

然而，如果我们只以金钱去衡量比尔·盖茨，这或许是最让他厌恶的。他曾这样说过：“我从未想过我会变得富有，这根本不是我的梦想，时刻激励着我向上的是一种创造与众不同的愿望。我希望成为一个成功的事业者。”的确，比尔·盖茨对软件事业的感情远非金钱所能衡量的，他是在为人类世界的未来而拼搏。有人曾这样描述比尔·盖茨的日常生活：“比尔好像就住在办公室，他每天上午大约 9 点来到办公室后，就一直待到半夜，休息时间似乎就是为晚饭要了个比萨饼外卖。”

这位年轻的老板是极少回家的，他吃些汉堡或比萨后，又开始了疯狂的工作。除了工作之外，很难再有什么事情能让他分神。他说过："我一直没有能够花10年的工夫思考经济学，我一直没有能够成为一个生物化学家，我一直没有能够在高尔夫球局里打出72杆的好成绩，虽然这些都是我想做的事情。但是我选择了并一直坚持在电脑世界里不停地探索，因为这是我最喜欢的东西。"正是因为这种执着的人生理想，比尔·盖茨才会如此疯狂地工作。在分秒必争的计算机行业，微软公司总是能够先人一步，在行业竞争中夺得主动权。

不可否认，比尔·盖茨的天分不仅体现在软件的开发上，还体现在历次商战中他所表现出的高瞻远瞩。从1980年开始，比尔·盖茨就意识到微软不能仅仅开发软件，如果真是这样的话，就会处处受人钳制，甚至过不了多久就会销声匿迹。因此微软不但要有一流的生产技术，而且要有强大的营销能力。从这之后，比尔·盖茨就到处笼络营销人才，组建了一支强有力的营销团队。罗兰德·汉森和约恩·谢利先后在1981年和1983年加盟微软，并担任了公司里的重要职位。

1984 年，比尔·盖茨又任命曾在 IBM 工作过的拉腾伯为零售部门副总裁，随后又成立了为数 90 人的客服团队。这些都标志着微软在一步步地告别过去的粗放发展模式，而逐渐成长为一家规范的现代化大公司。在微软向全球市场进军的过程中，这支团队为其提供了强有力的保障。

早在 1980 年，微软以 MS－DOS 系统与 IBM 建立起合作关系，并从中获取了巨额利润之时，比尔·盖茨就清醒地意识到，这次成功当中运气的成分太多了，简直可以说是侥幸，以至于他后来也说：“我们的成功，大部分是靠竞争对手没有把事情做对而得来的——那是运气，你不能总依靠别人犯错的策略来经营自己的事业。”我们不得不说，比尔·盖茨的成功不仅是因为他巧妙地利用了对手的失误，还因为他对自身始终都有着清醒的认识。因此他从来都没有为一时的成功而疯狂过，而是马不停蹄地更新自己的产品，寻找新的合作伙伴。而他那过人的商业策略，又使他在激烈的行业竞争中屡屡得手。

在开发出 MS－DOS 系统之后，微软又开始了一项新的软件项目，这就是著名的“多元计划”。在项目进行的过程中，微软与著名的苹果公司建立起了合作关系，经过磋商，双方在 1982 年初签订了协议。根据合作协议，苹果公司愿意为微软提供三台当时最为先进的麦金托什电脑的样机，而微软则用它们开发出适用于麦金托什电脑的个人应用程序，其中包括电子表格程序、贸易图形显示程序和数据库。

对于比尔·盖茨来说，与苹果的合作最富诱惑力的不是丰厚的报酬，而是麦金托什电脑的图形用户界面，因为它是“多元计划”必不可少的一环。一拿到这三台麦金托什电脑样机，比尔·盖茨就立即组织人员对之进行研究。没过多久，微软就向外界宣布了 GUI 图形系统问世。苹果公司拥有使用权，而所有权则在微软，其他公司只有出高价从微软公司购买，方可使用。

这年的秋天，比尔·盖茨参加了 COMDEX（计算机经销商博览会）。在这次博览会当中，他看到 Visi Corp 公司所展示的系统软件 Visi On。当他认真地看完这个系统软件的三个序列的演示之后，不禁大吃一惊，因为它与微软正在研发的 Windows 系统有异曲同工之妙。比尔·盖茨敏感地预料到，一旦这款软件上市，不但会迅速取代微软目前最为赚钱的 MS－DOS 系统，而且还会殃及正在研发的 Windows 系统。他很快就意识到了事情的严重性，陡然心生一计，他一回到公司，就提前向外界大肆宣传还未研发出的 Windows 系统。

此时的微软已经积累了足够的信誉资本，它很快就赢得了客户的期待。这样一来，当 Visi Corp 公司把 Visi On 系统软件推向市场的时候，几乎无人问津，因为大家都在期待着微软的 Windows 系统。与此同时，比尔·盖茨也加快了 Windows 系统的研发步伐，并果断地自我淘汰了 MS－DOS 系统。其实，在这个时候，MS－DOS 系统仍占据着 80％90％的市场份额。可是，比尔·盖茨明白，如果自己不主动壮士断腕，那么用不了多久，自己就会被用户抛弃。

到 1982 年的时候，微软公司已经成了一个让人无法忽视的存在，它牢牢地占据了计算机操作系统领域中的主导地位。比尔·盖茨再也不是当年那个随便被无视的年轻人了，他的魄力和智慧已经广为人知。这一年，他荣登《财富》杂志的封面，封面底端还写着这么一句话："你可以喜欢他，也可以恨他，但你不可以忽视他。"

此时，虽然微软在操作系统领域已经足够强大，可是在应用系统领域，可视、莲花等公司却占据着大部分市场，这显然不是比尔·盖茨愿意看到的。从研发“多元计划”开始，微软就开始一步步进入应用系统领域。1982年夏天，西蒙伊完成了他的“多元计划”，可结果并不理想。虽然“多元计划”在欧洲市场获得巨大成功，仅在法国就卖出去了28000套，但是在美国本土的销售却不容乐观。第二年，由于莲花公司推出的“莲花1—2—3”软件，微软的“多元计划”很快就被挤出了市场。可是，微软的强劲势头却是不可小觑的，它不但推出了宣传已久的Windows操作系统，而且又推出了一款新型的文字处理软件——微软词（Microsoft Word），并首次使用了鼠标和图形用户界面。

随着“微软词”的问世，应用软件行业中一场新的角逐又开始了。当时的市场上最流行的文字编辑软件，还是由鲁宾斯坦处理器公司生产的“词星”。在推出“微软词”之前，比尔·盖茨和同伴们精心策划了一场围剿“词星”的宣传活动。他们首先为“微软词”设计了一个精致的塑料包装盒，包装盒里不仅装有软件和说明书，还附带了一本《个人电脑世界》杂志。然后，选定在规模盛大的亚特兰大的康迪思电脑大展期间，向所有在场人士免费赠送。此外，“微软词”的研发者西蒙伊还亲临活动现场，向人们演示软件的使用。

这场大型软件赠送活动整整持续了一周的时间，先后赠送出 45000 套“微软词”，这气势让整个软件行业都为之震撼。这场宣传活动重创了“词星”，“微软词”以其良好的性能迅速赢得了极好的口碑。但是这还没有结束，到第二年圣诞节期间，微软公司再度出击，又进行了一次大促销活动。向当年 12 月 31 日之前购买“微软词”的用户，再免费赠送一套拼写检查软件。在微软持续一年的连续打击下，“词星”软件的市场份额迅速被“微软词”所取代。在此后近 10 年的时间里，“微软词”一直都是最受大家欢迎的软件之一。

到了 1985 年，微软举行了盛大的 10 周年庆典，此时的微软已经拥有 900 多名员工，年销售额高达 1.4 亿美元。此时的比尔·盖茨已经不再甘心只做操作系统的老大了，他开始把战略目光投向应用软件领域。“微软词”的推广，只不过是这场大型战役的第一枪而已。比尔·盖茨把战争的矛头指向了应用软件行业的老大——莲花公司，随后他和西蒙伊又策划了一个新的软件项目——

“超凡”。这次比尔·盖茨依旧是先声夺人，他不仅在广播和电视上进行了大量的宣传，还拉来了自己的盟友——苹果公司的史蒂夫·乔布斯前来助阵。此外，微软还成立了为数 50 人的研发小组，比尔·盖茨亲自过问其研发进度。“超凡”软件开发的声势之浩大，让同行叹为观止。

可是，莲花公司也不甘落后，就在微软的“超凡”（Excel）软件通过测试的时候，它也推出了新版的“莲花 1－2－3”软件。这样一来，当微软于 1987 年正式推出“超凡”软件的时候，却很难打开局面。为此，微软只好放缓了步子，对“超凡”的性能再加以研发。而此时，莲花公司则正在为“莲花 1－2－3”软件大摆庆功宴，这无疑大大地刺激了比尔·盖茨的求胜欲念。于是，比尔·盖茨再度组织人马，仔细研究“莲花 1－2－3”的弱点，并针对其薄弱环节加大了研发力度。在微软一连串的迅猛攻势下，“莲花 1－2－3”软件又维持了一年，终于再也撑不住了，慢慢地退出了市场。值得一说的是，在微软对抗莲花的过程中，比尔·盖茨并没有简单地把莲花看成是敌手，而是反复地研究“莲花 1－2－3”软件，吸取它的长处，并在它的基础上开发出了

Excel 软件。

从微软与莲花的厮杀当中，有人也敏感地发觉了这两家公司在组织上的区别。微软公司的一线研发人员刚开始是 10 人，最多的时候才只有 18 人。可是，莲花公司虽然整体实力不及微软，但是它的一线研发人员高达到 120 人。这样一来，整个研发团队就显得尾大不掉，失去了它应有的锐气和灵活性。微软之所以能够如此迅速地成长，不只是因为它拥有一大批计算机天才，还因为它所具备的战略眼光和战斗精神。

可以说，微软的竞争性是发自骨子里的，比尔·盖茨一开始就把他身上那种富有冒险性的进取精神注入到了这个公司的肌体之中。在微软制订战略的时候，常常要求每位决策者以 SWOT（即优势、劣势、机会、威胁）分析法来分析自己的对手，而后站在对手的角度来考虑问题，最后才形成自己的决策。风险投资家莫里茨曾这样评价微软：“像微软公司这样能够在 20 世纪末在人类生活很多方面有影响的公司，在世界上是不多见的。也许你得追溯到罗马帝国时代，才会发现微软公司目前这样有影响的组织。”

我们不得不承认，比尔·盖茨确实是位难得

的商业奇才，他在商战中不仅善于近身肉搏，也善于实施整体性的战略规划，以至于他常常消灭对手于无形之间，甚至能够将他们收揽到自己麾下。1986 年，“硅谷”的软件天才梅尔沃德博士设计了一种 DSR 软件，并创建了自己的公司。比尔·盖茨发现这款软件不但能够解决 DOS 系统的兼容问题，甚至对日后新技术的研发也会有极为重要的作用。更难得的是，比尔·盖茨不单单看到了这款软件的重要性，还注意到了梅尔沃德本人。于是他就亲自前往“硅谷”与梅尔沃德进行谈判，最后以 150 万美元的价格收购了梅尔沃德的公司，并将其本人聘为重要的技术人员。事实上，梅尔沃德本人的程序编写水平并不在比尔·盖茨之下，他刚刚到来就给微软带来了一系列的新项目，后来还出任了微软公司的软件总设计师。在商业史上，这样的收购案例是难得一见的，也最能体现决策者的远见卓识。

比尔·盖茨之所以在激烈的商战中屡屡胜出，很大程度上是因为，他在两个方面做得比对手要好。其一就是信息。比尔·盖茨是非常重视信息的，在微软刚刚成立不久，首先设立的就是专门的信息部。后来，当微软形成规模时，又成

立了专门分析对手的“战争室”。另外，比尔·盖茨本人也亲自到信息采集的一线去，他很少错过各种展销会。在每一次竞争中，他很多时候都是率先掌握对手的状况。其二就是思考。从80年代开始，比尔·盖茨每年都会到华盛顿州胡德运河附近的庄园里待上一周，这就是著名的比尔·盖茨“思考周”。在这一周的时间里，他的工作效率往往惊人，会阅读大量的文件报告。一些重大的决策，比如策划“超凡”软件开发以及后来的很多行动，都是在这一周里产生的。

他之所以重视这两个方面，正是始于一种商业远见，可反过来，在这两个方面的成熟又让他做出了更具远见的决策。在有一次接受采访的时候，他曾这样对人说：“人们常常要我解释微软的成功。他们想知道我们的公司从两个人、小本经营发展到拥有近2万名雇员和年销售量60亿美元的秘密。当然，不会有一个简单的答案，但运气是一个因素，然而我想最重要的因素还是我们的远见和高度的观察力。我从来都是戴着望远镜来看这个世界的。”

毫无疑问，像微软这样一个如此好战且富有战略眼光的公司，伴随它的也必然是一种毁誉交杂的声音。“硅谷”的业内人士称比尔·盖茨是“软件行业里的撒旦”。Word Perfect 公司的一位主管说他是“带你过河，然后吃掉你的狐狸”。佛罗里达软件公司的总裁黑地·罗任，是一个非常赞赏比尔·盖茨的人，可他同时也为这位朋友的所作所为感到惋惜。他说：“他是那种以公开和公正的手段赢得世界的人，但他也不想留下什么残汤剩水供我们瓜分，他喜欢一网打尽。”一位与比尔·盖茨合作过的公司老板说得更是可怕：“他简直是一只饥不择食的蜘蛛——你能活着出来已是万幸。”当然也有人对比尔·盖茨给出了较为公正的评价，这就是他的老对手莲花公司的创始人卡博尔。在微软和莲花争霸的日子里，卡博尔强烈地感受到比尔·盖茨那坚韧和贪婪的两副面孔，他是这样评价自己的这位对手的：“盖茨代表我们最好或最坏的一面。”

面对外界的种种指责，比尔·盖茨一针见血地给予了回答：“如果微软不是冷酷无情的话，我们能生产出更具创新性的软件吗？我们宁可消灭竞争对手而不是培育市场！这纯粹是彻底的谎言。”作为一个白手起家的商业精英，当比尔·盖茨从险恶的高新技术行业中闯杀出来的时候，他对这个行业的残酷性应该是有着切身体验的。他曾对人说过：“有很多次，人们都为我们开出了死刑执行令，每四五年就要有一次。而现在他们有了新的名字，包括曾经的网景、Novell、IBM、Ashton Tate、莲花，还有很多其他的名字。”微软之所以能够生存下来，并发展壮大，靠的不仅仅是技术。比尔·盖茨太清楚这个行业的游戏规则了，如果你不勇于和别人竞争，甚至与自己竞争，用不了多久，就会被淘汰。

正是带着这种一往无前的朝气，比尔·盖茨走进了功名初就的1986年。这一年的3月13日，是纽约证券交易所一个非常热闹的日子。经过之前为期10天的股票推销活动后，微软公司的股票将在这一天上市。股民们的目光都在注视着微软，其他公司的股票几乎无人问津。第一天上市，微软公司的股票的开盘价为每股21美元，当天在最高值抛出的人就盈利40%。这一天，微软股票就成交360万股，赚了6100多万美元。没过多久，微软股票每股的市价就从开始的21美元蹿升到90.75美元。这也意味着比尔·盖茨的身价在有限的时间里翻了几番，成为当之无愧的世界上最年轻的亿万富豪。

第四章
人生的辉煌岁月

在世人的眼中，比尔·盖茨的头上永远都顶着那种不可一世的王者光环。或许很少有人会想过，在这位财富巨子的内心深处，也有着与常人一样的酸甜苦辣，只是很多时候他如鱼饮水冷暖自知。他也经历过许多常人难以忍受的创伤：曾经风雨同舟的兄弟与他分道扬镳，最疼爱他的母亲匆匆地离他而去。可同时，他又找到了人生路上的甜蜜归宿，不但遇到了惺惺相惜的知音，而且还成立了美满幸福的家庭。在他年轻的生命中，既充满了爱情和友谊，也有过伤痛和困苦。伴随着命运之神的馈赠和剥夺，比尔·盖茨承受住了商场上一次又一次席卷而来的狂风暴雨，最终走进了辉煌的 90 年代。

20 世纪 90 年代注定是微软的黄金时代。对于比尔·盖茨来说，这10年也应该是他人生中最辉煌的岁月，他一次又一次成为举世瞩目的焦点。是啊，在这10年的时间里，微软创下了一个又一个商业上的奇迹。1995年，比尔·盖茨首次登上了福布斯全球富豪排行榜榜首，其后更是几乎蝉联榜首达10多年之久，从此成为世人眼中名副其实的世界首富。然而，比尔·盖茨和他的事业也经受了空前严峻的考验。上帝似乎有意对他关上了幸运的大门，他苦心经营的微软公司曾经命垂一线，险些遭到联邦政府的肢解。可最终，上帝又为比尔·盖茨打开了幸运的窗口。在历经风雨之后，他和他的事业又重见彩虹。在比尔·盖茨的一生中，这些闪亮和黯淡汇聚成了丰富多彩的篇章。

风雨同舟的兄弟

在这个世界上，没有人是真正喜欢孤独的，即便他是这个世界上最富有最聪明的人，他也仍然希望能拥有一群真正的朋友。朋友确实太重要了，他不仅能充实一个人生活当中的记忆，有时还会成就一个人的事业。斯坦福大学的一家研究中心曾经公示了这样一组数据：“一个赚钱的人，

12.5%来自知识，87.5%来自关系。”这里所说的“关系”当然不是指人与人之间那种庸俗的利益关系，它包括一个人社会关系的各个层面，尤其是他所交往的朋友，这也就是我们所说的“一个好汉三个帮”。

比尔·盖茨当然是了不起的，可是在他那辉煌的创业生涯中，我们常常能够看到那些与他患难相交的身影。从保罗·艾伦、史蒂夫·鲍尔默、西和彦，再到后来的忘年之交沃伦·巴菲特，他们无不对比尔·盖茨的事业和人生有着不同程度的影响。当我们在仰慕比尔·盖茨那辉煌的人生成就时，也不应该忘记他那些风雨同舟的兄弟。试想，如果当初没有他们的出现，比尔·盖茨的人生道路也许会遇到更多的曲折，甚至很可能是另外一个样子。

对于保罗·艾伦，我们可以说是再熟悉不过了。几乎在比尔·盖茨早年创业的每个转折点上，都会出现他的身影。如果我们把他说成是比尔·盖茨一生的命中贵人，一点都不过分。早年比尔·盖茨所做出的每一个重大决策，几乎都有这位好朋友从中发挥着重要的作用。有位计算机史学家甚至这样认为，没有保罗·艾伦，就没有微软，甚至也没有比尔·盖茨的今天。在微软形成一定规模之后，这两个人在公司日常事务中的作用也是互补的。

毫无疑问，比尔·盖茨绝不是一个单纯的技术人员，他是一位总揽全局的人物，整个公司的人事、销售以及商务谈判，甚至与人对簿公堂等一系列事务，都要经他一手处理。而保罗·艾伦虽然身为微软的副总裁，但是他更倾心于技术研究，尤其是对于新的技术和理念的研发，起到了关键性的作用。有位记者曾这样描述保罗·艾伦："艾伦不是一个好的管理者，因为他优先考虑的不是业务，而是对技术本身的痴迷。"

对这位和自己一路走来的好兄弟，比尔·盖茨当然有着说不尽的感激。他曾这样对人说："保罗·艾伦是一个很理想化的人，我们有时会突发奇想一起讨论一些事情，所以尽管现在是我在经营这家公司，但我和保罗是很好的合作伙伴。他的角色就是对我们做出的很多调整、改变进行评判。有时候我们之间的关系会很紧张，因为我总是督促人们努力工作，包括保罗在内。但是这对我们来说不是什么大问题。"在比尔·盖茨这一席话中，除了表达出对保罗·艾伦的赞赏和感激之外，还暗含着一些无法道出的微妙。

很显然，能够与比尔·盖茨共事的，绝不是寻常人。我们不得不说，比尔·盖茨和保罗·艾伦两人都是精英中的精英。经过好事者的测试，他们二人的智商分别为220和170，都可谓是天才。当初在微软公司刚成立的时候，这二人也可谓精诚合作。后来，保罗离开了MITS，全职在微软工作之后，公司的业务更是蒸蒸日上。此时的保罗也不由得忘乎所以，认为自己在公司运营中所发挥的作用更大，应该由他来总揽全局。谁知道，比尔根本不买他的账，与他大吵一架之后，便撂挑子走人了。

比尔一走，保罗就手足无措了，因为没有了比尔·盖茨这样一个聪明过人的工作狂，很多事情都是没法搞定的。于是，他只好低三下四地去请比尔。哪有这么好的事情？这一次，虽然比尔·盖茨答应回来，但是他趁势抬价，从此就连保罗·艾伦也要听候他的调遣。从这件事情中，我们也不难看出比尔·盖茨那必须处处占据上风的鲜明个性。不过，这件事并没有影响他们的友谊，或许保罗·艾伦早就已经习惯了这位好朋友的处事风格。

由于工作上的压力过大，在1982年一次出差的过程中，保罗·艾伦突然病倒了。经过诊断，他很有可能是患上了癌症，必须立即进行治疗。在这场大病期间，保罗·艾伦也许思考了太多人生方面的问题，他也确实无法再像比尔·盖茨那样斗志昂扬地疯狂工作了。他太想缓一口气了，更想开创出一份自己的事业。经过慎重考虑之后，他很坚决地向比尔提出了辞职。可想而知，对于比尔·盖茨来说，保罗·艾伦的辞职该是一个多么大的打击。他们之间固然有很多摩擦，可是这些摩擦与他们之间的情谊相比，是完全可以忽略不计的，他确实很难接受这位患难挚友的离开。

再三挽留之后，比尔·盖茨也深深地感到了，保罗此次是去意已决，他也不忍心失去这位最好的朋友。最终，比尔·盖茨准许了保罗·艾伦的辞职申请，但是为他在公司里特别设立了“高级战略顾问”一职。第二年，保罗·艾伦离开了微软，他对比尔·盖茨的处理结果是极为满意的，并曾对外界表示：“我对自己多年来作为微软这样一个充满活力的、无比成功的企业的董事会成员的经历感到非常满意。这个角色将有助于自己更多地关注技术与产品，而这正是我所擅长的，我会继续关心微软的经营。”

在保罗·艾伦离开之后，微软的发展更是神速，比尔·盖茨和微软公司简直可以说是在一夜之间誉满全球。而保罗·艾伦作为微软公司的另一位创始人，此时却很少被人提起了。不过，尽管保罗·艾伦没有享受到应有的荣誉，他却因为当初那35%的公司股份而获得了巨额财富。随着微软上市及其股价的迅速攀升，保罗·艾伦的身价也随之大增，一度名列福布斯全球富豪榜第三位。在离开微软之后，保罗·艾伦开始了高新技术风险投资的创业生涯，后来成为美国风险投资界的一个明星式的人物。他不但曾一口气买下了美国两家有线电视公司，还在2004年赞助了载人太空飞船的发射，并获得成功。

虽然保罗·艾伦和比尔·盖茨都聪明过人，但是他们的性格截然相反，生活方式也有着天壤之别。比起比尔·盖茨那种工作疯狂、生活简朴的作风来，保罗·艾伦更像是一位花花公子。他的后半生几乎都是在尽力地挥霍钱财，虽然他的风投事业并不是很顺利，但这丝毫没有妨碍他极尽奢华的生活。他的别墅、游艇都让人叹为观

止，报纸上也会时不时地出现关于他与某位女明星的绯闻。不过，保罗·艾伦也积极投身于公益慈善事业，先后向其母校和其他公益机构捐款高达数千次，总计金额数亿美金。后来，当比尔·盖茨组织大型慈善活动的时候，保罗·艾伦也积极地站出来，并表示要捐出自己的全部财产。

保罗·艾伦在离开微软之后的日子里依然被比尔·盖茨视为最重要的朋友。1999 年，当比尔·盖茨面对联邦法院的重重刁难时，他曾这样不无骄傲地陈述道：“保罗·艾伦和我凭着技术能够改善人们生活的简单想法创立了微软。在过去的 25 年里，已经形成了一个庞大的产业，这个产业实际上含有数以千计的公司。和这些公司一起，我们已经使个人电脑价格更能承受、获得途径更加广泛、功能更强大、使用更方便。我为有幸成为这个为教育水平的提升和经济效益的增长做出很大贡献的产业的一员，感到自豪。”

在比尔·盖茨的事业生涯中，如果说保罗·艾伦是他的“左膀”，那么史蒂夫·鲍尔默无疑是他的“右臂”。为了请到这位哈佛“雷电房”的室友，比尔·盖茨的确花了不少力气。事实也证明，比尔·盖茨的决策是对的，鲍尔默也没有令他失望。与比尔·盖茨瘦挑的身材不同，鲍尔默长得魁梧结实，性格豪放而且热爱交际。他和比尔·盖茨有着一样的特点，就是聪明得吓人。在微软成为一家超级公司之后，他还能准确说出1000多名公司高管的名字和职务，熟悉手下3000多名经理的工作表现。他最擅长的就是激发员工的斗志，在1994年微软的公司大会上，他大声呐喊："有用的是市场份额！市场份额!!! 原因只有一个，如果你占有市场份额，你实际上就使对手（说到这里，他用手扼住自己的喉咙，做挣扎状）只剩下吸入维持生命的氧气的能力。而我们需要维持的就是让对手们奄奄一息。"由于他的嗓门过大，以至于事后不得不去医院做声带手术。

1998年7月，史蒂夫·鲍尔默接任了微软公司总裁这一职务。刚上任不久，他就宣布对微软进行重组，经过这次重组，他一下子就裁去了半数的副总裁。和自己的老板比尔·盖茨一样，这位才智超群的商界精英，生活方式非常简单，在待人接物上也是那样单纯。他不但忠于朋友而且重视家人，只要条件允许，他一定会早晨送儿子去上学。在繁重的工作之后，他还会抽出时间来陪儿子打打篮球。他的生活方式极有规律，在微软工作的 30 年里，他和一般员工没有什么区别。早晨八点上班，拼命地把所有的事情都做到最好，处处都堪称榜样。即便如此，在作风严厉的比尔·盖茨这里，鲍尔默有时也会遭遇老板的雷霆之怒。

当年在研发新版 Windows 系统的时候，比尔·盖茨在审查软件时发现了一处失误，顿时勃然大怒。他拍着桌子大喊：“鲍尔默！鲍尔默在哪里？”鲍尔默正在吃早餐，一听到喊声，便端着餐盘跑过来。比尔·盖茨指着鲍尔默手中的盘子大声骂道：“你还吃得下饭吗？怎么会出了差错？我得警告你，年底前不能顺利完成工作，拿不出合格的产品，你们通通得卷起铺盖滚蛋！”

鲍尔默老老实实地听老板发完火，匆匆地从其办公室出来了，并对其他员工说：“赶快做事情，不然我们都要走人了。”事实上，鲍尔默也是一个雷厉风行的人物，他的严厉程度有时甚至超过了比尔·盖茨。微软之所以有后来的辉煌，也和鲍尔默的艰辛付出是分不开的。从 2000 年 1 月开始，鲍尔默接替比尔·盖茨，成了微软公司的 CEO，直到 8 年之后，他完全接管了微软。

比尔·盖茨早年结识的还有一个重要朋友，

就是西和彦。西和彦和比尔·盖茨差不多同岁，虽然他其貌不扬，但是极其精于商道。比尔·盖茨曾经这样描述他："在日本商业文化和美国商业文化之间，西和彦能见风使舵。他喜好夸大其词，这有利于我们在日本的经营，因为这会在日本商人中造成一种印象，仿佛我们都是才华横溢的人。"在个性特征上，西和彦与比尔·盖茨有着诸多相似之处，因而他们一见面就有一种相见恨晚的感觉。

有一次，比尔·盖茨去日本，是西和彦接待的。那些天，他们同住在酒店的一个房间里，西和彦整日整夜都在打电话谈生意，而且每一单生意都是上百万美元，这让比尔·盖茨大为吃惊。有一天夜里，从三点到五点他的电话没有响，直到五点多才来了一通电话。西和彦就向比尔·盖茨抱怨说："今天晚上的生意真清淡。"在当时的比尔·盖茨看来，西和彦是个当之无愧的商业奇才。很快，两个人就成了最好的朋友。在微软早年开拓日本市场的过程中，西和彦也确实立下了汗马功劳。

可是，西和彦浮夸的举止和浪荡的生活方式，让比尔·盖茨心生不满。比尔·盖茨也曾有心帮助这位朋友，表示可以为他在公司提供一个职位。当时微软的股票即将上市，西和彦也可以持有一定的股份，并能够获得可观的收益。然而，西和彦却一口回绝了，并对人这样评价他和比尔·盖茨的关系：“我非常乐意与他共事，但是并不愿意把灵魂出卖给他。”因此比尔·盖茨很快就有意地与他拉开了距离。当微软在日本成立分公司的时候，古川亨成了日本微软公司的总裁，西和彦基本上被架空了。

1986年，比尔·盖茨和西和彦在经过了一场激烈的争吵之后，彻底分道扬镳了。由于个人生活相当混乱，西和彦欠下了一屁股的贷款，面临着入狱的危险。于是，他又来找比尔·盖茨，而比尔·盖茨实在不忍看着昔日的好友承受牢狱之灾，便又给了他一笔钱。后来谈起西和彦的时候，比尔·盖茨没有无视这段友谊。他谈到了两个人分裂的原因：“此人生活一塌糊涂，负债累累，而我在这两个方面都与他迥然不同。我俩最终不能共事，原因就在于此，西和彦也许是我所遇见过的最像我的人，然而，他走过了头。”

在比尔·盖茨所有的朋友当中，最能称得上与他惺惺相惜的莫过于沃伦·巴菲特。虽然巴菲特要比盖茨年长许多，但是他们一见如故，并始终都能欣赏对方。这对忘年交是在一个意外的场合相识的，此前他们从未刻意了解过对方。1991年7月的一天，玛丽·盖茨收到了《华盛顿邮报》一位编辑的聚会邀请。因为这次聚会还邀请了沃伦·巴菲特、嘉芙妮·格雷厄姆等商界名流，玛丽就想让儿子去结交一些朋友。可是那个时候，比尔·盖茨正全身心地投入工作当中，对一切与软件无关的事情都不感兴趣，就和母亲说他很忙。玛丽却说这个聚会很重要，坚持邀请儿子参加。最后，比尔·盖茨实在不忍违拗母亲的好意，便只好决定去应付一下。于是，他就驾着自己的直升机带着父母到达了聚会地点，原本他只是想在那里待一会儿就离开的。

可是，一到了那儿，比尔·盖茨就和沃伦·巴菲特搭上了话，并迅速改变了之前的想法。虽然巴菲特整整大了盖茨25岁，两个人在事业上也根本没有交集，但是他们的兴趣和观点完全一致。这让比尔一下子就意识到，自己终于找到了人生的知音。然后，比尔·盖茨留了下来，并与巴菲特一直畅谈到聚会结束，他们从此成为最好的朋友。一有时间，他们就会聚在一起，玩桥

牌，打高尔夫球，还会讨论世界上正在发生的大事，并一起探究其中的来龙去脉。

沃伦·巴菲特是全球著名的风险投资商，素有“股神”之称，他在比尔·盖茨之前曾一度名列福布斯全球富豪榜的榜首。值得一说的是，比尔·盖茨与沃伦·巴菲特之间完全是一种纯洁的友谊，没有掺杂半点利益交换的因素。后来，巴菲特也曾这样对大家说：“比尔没有卖过一台电脑给我，我也没有卖给他什么糖果。我们都不向对方要求什么。”

对于比尔·盖茨的优秀表现，巴菲特是极为赞赏的。而对于巴菲特那丰富的人生阅历，比尔·盖茨也充满了由衷的景仰。在一次全球会议上，比尔·盖茨谈到自己平日处理商业事务的经验时曾这样说过：“我认为，领导艺术中最重要的问题就是你如何把握组织机构的规模，以及如何从其他人的经验中学习发展壮大，它要求一名创业者花费大量的时间去进行学习。我的朋友沃伦·巴菲特就是一个很好的例子。他在美国经营着一家大型保险/投资集团，他对一切都说‘不’，他喜欢待在自己的办公室里，除了阅读和思考外，什么都不做。所以我在阅读和考虑问题时，总是会想：‘如果是沃伦，他会怎么说？’我并不总是说‘不’，但我总会记住，控制时间是一个非常重要的问题，不能太过忙碌，要有时间学习和思考。”

比尔·盖茨不仅视巴菲特为知己，也视他为长者，他对比尔·盖茨的影响是深刻的。巴菲特对比尔·盖茨同样也是信赖有加，他不仅邀请了比尔·盖茨出任博克夏公司董事会的核心成员，还曾明确地对外界公开宣称：“如果有人接管博克夏公司，我希望他是比尔。”可见，巴菲特对比尔·盖茨的赞赏是极为真诚的。他曾对人这样评价比尔·盖茨：“如果比尔卖的是汉堡，那他也一定会成为最大的汉堡商。”

可以说，在比尔·盖茨和沃伦·巴菲特之间，建立起的是一种相互赞赏而又相互信任的朋友关系。有一次，两个人共同接受了《财富》杂志的专访，当他们被问及一生中所做的最奢侈的事情时，沃伦·巴菲特的回答是：“购买并使用私人飞机。这是用钱改变我生活方式的唯一方法——NetJetsG4。我为它每年花费成百上千万美元，或许更多。”比尔·盖茨的回答则是：“挥霍……如果我今晚输掉扑克牌比赛，我将挥霍掉500美元。”巴菲特认真地说道：“这的确算是挥霍了。”比尔·盖茨接着解释说：“沃伦和我打赌时总是把赌注定为 1 美元。”

这两个人的财富观念也是异常相似，他们都不希望自己的子女不劳而获就占有巨额财富，并对公益慈善事业表现出了极大的热情。后来，当比尔·盖茨决定投身于慈善事业时，沃伦·巴菲特不但全力支持，而且还和比尔一起声明把自己所有的财产都投入慈善事业。此外，他还积极地为比尔出谋划策，并与他合作组织了很多盛大的募捐活动，去争取更多富翁的支持。

母亲，爱人

1994 年 6 月 10 日，也许是比尔·盖茨一生中最难以忘记的日子，在这一天，他的母亲玛丽·盖茨永远地离开了他。这位了不起的女性，不仅是一位伟大的母亲，她还为全美国乃至全球的公益事业上做出了了不起的贡献。为了纪念这位伟大的母亲，西雅图人民以她的名字命名了一条街道。

在本书第一章中，我们曾多次提到比尔·盖茨童年时期的种种特立独行，这种种特立独行造就了他那难以遏制的叛逆性格。也正是因为这一点，玛丽·盖茨为这个非同寻常的儿子可以说是操碎了心。玛丽是一位虔诚的基督教徒，她一直都希望儿子能像自己一样，成为公理会的正式会员。因此她常常要求比尔和她一起去教堂做礼拜，甚至参加一些宗教活动。可是，比尔·盖茨自小一直都是个彻头彻尾的无神论者，他根本不相信有上帝存在。在美国曾流传过这样一个笑话：比尔·盖茨来天堂见到了上帝，上帝就问他："你此刻在想什么?"比尔·盖茨笑了一笑说："我想你现在坐的是我的位置。"因而美国人都说，比尔·盖茨一思考，连上帝都会发慌。

每当母亲向比尔传授基督教义的时候，他都会不住地摇头，反驳母亲说："噢，不，妈妈，难道你们真的相信上帝的存在吗？我很早之前就听有位德国哲学家说过：'上帝死了'。"玛丽知道自己的这个儿子太过自信了，她真的很担心。如果有一天自己不在了，一旦比尔遭遇了重大挫折，又有谁来扶他一把呢?比尔知道了母亲的担心后，便笑着对她说："自己，自己！妈妈，我自己会把自己扶起来的。"听完这话，玛丽·盖茨也只好无奈地摇摇头，一副欲言又止的样子。

在比尔还小的时候，玛丽就一直千方百计地引导他。等儿子长大之后，她又竭尽全力地利用自己的关系为儿子的事业铺路。在微软与 IBM 签约的时候，IBM 公司的董事长奥佩尔正是玛丽的好朋友，他找到了玛丽，问道："你儿子才上了两年大学，能做什么呢？"这位母亲听完后，以不容置疑的口气说道："这一次我以我的成就和人格做担保。"毫无疑问，比尔·盖茨之所以能够获得与 IBM 合作的机会，他的母亲从中发挥的作用也是不容小觑的。

像所有的中国母亲一样，玛丽·盖茨也希望儿子能够早日找到自己的终身伴侣。除了儿子的事业，没有什么比这个更让她担心的了。只是年轻时的比尔·盖茨很不善于交际，尤其是在与女性交往的时候。他的父亲威廉·盖茨曾经回忆过这样一件事情：有一次，比尔想邀请一位女同学参加舞会，竟前前后后犹豫了两个星期，最终还是被拒绝了。在创建微软之后，比尔·盖茨的生活基本上都被工作占满了，他就更无心在意自己的终身大事了。

不过，在芸芸众生中，比尔·盖茨到底是那种少年得志的英才，因而他也不乏年轻女性的仰慕，珍妮·蓓蕾特就是其中一个。当时微软公司刚成立不久，略带传奇色彩的比尔·盖茨也在商场上崭露头角，成为不少年轻人心目中的少年天才。年轻的珍妮·蓓蕾特热情奔放，无论是身材、容貌，还是个人气质，都能让人眼前一亮。另外，在她火暴的性格里，也隐藏着一种强烈的叛逆力量。从某些方面来说，珍妮与比尔有着很多相似的地方。

在没有见面之前，珍妮就对比尔神往已久。在二人认识之后，珍妮对比尔可谓是崇拜有加，甚至都不敢想象对方会爱上自己。因此当比尔羞涩地向珍妮表白了自己的心意时，两个人一下子就坠入了爱河，他们一有时间就约会。有一次，珍妮患感冒住进了医院，比尔在医院里一陪就是一整天。对于向来以“工作狂”著称的比尔·盖茨来说，这简直是太不可思议了。

在愉快地交往了一段时间之后，比尔·盖茨就把珍妮带到家里，见了自己的父母。威廉和玛丽对珍妮的印象也非常好，很支持他们在一起。而后，这对小情侣就在一个远离喧嚣的别墅中，开始了他们甜蜜温馨的生活。然而，这种甜蜜温馨的生活只是短暂的，因为对于像比尔·盖茨这样志向远大的男人来说，这种二人世界的小家庭生活根本不是他想要的。他想要的是改变世界，而他的人生伴侣也注定应是一位甘心付出而不奢求回报的伟大女性。显然，在这一点上，天真又浪漫的珍妮是无法满足他的。非但如此，性格火暴的珍妮动不动就大发脾气，连桀骜不驯的比尔·盖茨都不得不对她礼让三分。因而他们的这段幸福生活，注定只是一段美好的回忆。最终，两个人在经过了一番痛苦的挣扎之后，还是结束了这段感情。

也许正是因为有了与珍妮·蓓蕾特相处的这段惨痛教训，比尔·盖茨开始倾心于那种成熟而富有智慧的女性。正在这个时候，安·温布莱德走进了他的生活。温布莱德也是一位了不起的软件企业家，她整整大了比尔·盖茨 9 岁，可是这丝毫没有成为他们之间交往的障碍。让比尔·盖茨最不可抵挡的，不是温布莱德那美丽的容貌，而是她身上所散发出的那种成熟女人的知性美，以及那种天然的学者气质。因为工作上的关系，是温布莱德主动接触了比尔·盖茨，两个人开始只是探讨商业方面的事宜。在这个过程中，他们渐渐地坠入了爱河。没过多久，温布莱德顶住各方面的压力，与比尔·盖茨开始了幸福的同居生活。

温布莱德曾对人这样讲述过两个人坠入爱河的过程：“我们分享彼此对世界和对自身的看法。作为两个成就出众的年轻人，我们在这个不为人知的行业边缘开始了一次伟大的冒险，最后竟站在这个奇妙世界的中央，对此我们都感到惊讶不已。”确实，温布莱德有着许多一般女人不具备的个人气质，她在很多方面都能为比尔·盖茨提供帮助。当比尔·盖茨为事业奔波的时候，温布莱德表现出了极大的宽容和支持。她甚至可以承受两地分居的思念痛苦，两个人常常通过电话进行“虚拟约会”。比方说，他们经常会约定在同一时间去看同一部电影，而后在电话中谈论各自看完电影后的感受。

毫无疑问，比尔·盖茨和温布莱德都是那种个性十足的人物，他们不但聪明睿智，而且有着独到的个人见解。两个人常常会为了一个问题，而进行长达一周的激烈争论。可以说，从温布莱德的身上，比尔·盖茨获得更多的是一种精神上的满足。有位传记作家曾这样描述两个人：“比尔·盖茨需要从安·温布莱德身上得到其他女人身上所稀缺的精神慰藉。他们在一起的时候，就像两个天真无邪的孩子，往往就某个问题争论不休。”然而，在比尔·盖茨的生活中，占据位置更多的还是他的事业，以至于不肯臣服于任何一个女人。因而在相爱很长一段时间后，比尔·盖茨还是没有给予温布莱德婚姻的承诺，而这恰恰又是温布莱德最需要的。1987 年的一天，两个人终于冷静地选择了分手。

虽然比尔·盖茨和温布莱德最终分手了，但是他们并没有从此而“老死不相往来”。恰恰相反，他们之间的情感却比以往更真挚了，温布莱德成为比尔一生中当之无愧的红颜知己。比尔·盖茨不但在公司大事上找温布莱德讨主意，即使是在结婚这样的事情上，比尔·盖茨也曾写信征求温布莱德的意见。有一次，在一个非常正式的场合中，比尔·盖茨曾这样无比感慨地对大家说：“上帝送给过我三件最好的礼物：我的家族，微软公司，再一个就是安·温布莱德。”

1987 年，在与温布莱德分手之后，比尔·盖茨遇到了自己未来的妻子梅琳达·弗兰奇。此时的梅琳达刚从大学毕业不久，正在微软公司的营销部工作。梅琳达是一位典型的中产阶级女性，她不但聪慧过人，而且也非常善于处理日常事务。她的父亲是个很能干的工程师，工作之外还经营着一家小公司，主要面向的是房屋租赁业务。

梅琳达自小就是一个勤劳而乖巧的女孩子，经常帮助父母处理家务。更为难得的是，梅琳达还对计算机有着浓厚的兴趣。在她16岁那年，父亲因为业务上的需要，购买了一台计算机，她简直是和比尔·盖茨当年一样入迷。从此，帮助父亲记账成了她生活中最快乐的一件事。后来，梅琳达如愿以偿地考进了著名的杜克大学，并取得了这个学校的计算机和经济学两个学士学位。接着，又拿下了杜克大学商学院的MBA。而后，她通过了微软近乎苛刻的招聘流程并进入公司的营销部，成为微软最年轻的员工，也是公司唯一的女性MBA，之后又以骄人的成绩成了该部门的经理。

比尔·盖茨和梅琳达相识的过程也是非常偶然的，简直偶然到带有一种传奇性的地步。梅琳达第一次见到比尔·盖茨的时候，根本没有意识到他竟会是自己的老板。一向不修边幅的比尔·盖茨经常有事没事地在办公楼里走动，有一次碰

巧撞见了梅琳达。好心的梅琳达还以为这个衣着邋遢的年轻人是社会青年，便上前去善意地提醒他这里是微软公司的办公大楼，是不能随意走动的。这个年轻人用一种异样的眼神看了她一会儿，竟然不置可否地点点头。直到有一天，这个年轻人冒昧地闯进了自己的办公室。

当时梅琳达正在埋头整理一份报表，根本没有注意到来人是谁，比尔·盖茨一下子被她那全神贯注的样子打动了。等梅琳达回过神来，才意识到这个年轻人就是自己的老板比尔·盖茨。于是，她立刻放下手中的工作，与盖茨进行了交谈。梅琳达思路清晰，表达流畅，不但富有才女气质，而且成熟稳重，一下子就征服了这位年轻的老板。同时，她也对比尔提出了一些工作上的意见，这些无不令比尔·盖茨暗中对她拍手叫好。

从此之后，比尔就借着各种名义，时不时地来他女下属的办公室，有时也说不清楚什么事。开始的时候，梅琳达还挺在意，后来比尔来的次数多了，梅琳达就索性只是埋头工作，任由他在一旁自言自语。就这样，这位年轻的老板经常无故而来，然后又无故而去，如此持续了一段时间。接下来，他们开始频频约会，但是每次就餐的时候，梅琳达都会要求 AA 制。这两个人都是有名的“工作狂”，梅琳达也常常加班。一次在她加班的时候，比尔·盖茨又来到她的办公室，然后鼓起勇气对她说：“请你永远为我点亮这盏灯。”梅琳达迟疑了一会儿，默默地点了点头。

1990 年 10 月 23 日的这天晚上，梅琳达正在加班，比尔·盖茨又打来了电话，叫她以最快速度赶到华盛顿大酒店的顶层赴约。梅琳达觉得这个老板有点胡闹，就告诉他自己还有工作要忙。不想比尔·盖茨竟以命令的口气让她马上过去，梅琳达只好放下手中的工作。等她到达华盛顿大酒店的顶层时才大吃一惊，原来这一天竟是她 24 岁的生日，比尔·盖茨为她举办了一场别开生面的生日聚会。从此，两个人坠入了热恋之中。

的确，与比尔·盖茨生活不是一件容易的事情，这位天才式的人物身上有着很多常人难以容忍的毛病。首先就是不讲卫生。他常常好几天不洗澡，散发出强烈的汗臭味。睡觉也是倒在床上就睡，从来不管屋里有多乱。再就是吝啬。这位年纪不大的富翁，在花钱上非常吝啬，每一分钱都会算得清清楚楚。这些梅琳达都能容忍，但是最让她不能容忍的，就是比尔·盖茨与她交往之后，竟然还去和其他女人打情骂俏。

梅琳达很希望比尔能够给她婚姻的承诺，可是两个人交往了那么久，比尔·盖茨却对此提都不提。这些矛盾积压久了，两个人终于在 1991 年 5 月的一天大吵了一架，此后他们的吵架越来越频繁。梅琳达再也承受不住精神上的压力，这天上班的时候，她故意穿了一件特制的 T 恤衫，上面醒目地写着“娶我吧，比尔”。可是，当他来到比尔·盖茨办公室的时候，对方竟然对这一幕无动于衷，两人只好选择分手。

1992 年是比尔·盖茨一生中最不幸的一年。这一年，他的母亲玛丽住进了华盛顿第一州立医院，经过检查，被确诊为癌症。当身在外地的比尔·盖茨听到这一消息的时候，他简直要崩溃了，拼了命地往家里赶，但因为超速而被警察拦住了。在下车的那一刻，他的情绪一下子崩溃了，禁不住失声痛哭起来，弄得警察一时也不知所措。比尔·盖茨好不容易才控制住情绪，他对警察说，自己母亲病了，他要赶紧回家。好心的警察没有再对比尔·盖茨进行处罚，只是告诉他路上一定要注意安全。当母亲见到比尔·盖茨的时候，忧心忡忡地对他说："你已经 37 岁了，可为什么还不考虑终身大事呢?"此时，比尔·盖茨除了惭愧之外，真的是无言以对，这时他又想起了刚分手不久的梅琳达。

没过多久，比尔·盖茨就与梅琳达重修旧好，并正式向她求婚。1994 年 1 月，比尔·盖茨和梅琳达·弗兰奇举行了一场隆重而简单的婚礼，婚礼的地点选在了夏威夷。为了不被外界媒体打扰，能够像正常人那样举办一场普普通通的婚礼，比尔·盖茨花费了 100 万美元，提前预订了夏威夷岛上的每间客房和所有的直升机。比尔·盖茨最好的朋友保罗·艾伦、史蒂夫·鲍尔默、沃伦·巴菲特等人都来参加了婚礼。这一幕简直让世人目瞪口呆，因为世界上最有钱的四个人都在这里了。

梅琳达·弗兰奇从此成了梅琳达·盖茨，这一天她收到了婆婆玛丽·盖茨寄给她的信。信中是这样写的：

亲爱的梅琳达：

几个小时后，你就要嫁给比尔，我和你将有同样的夫性。

威廉·盖茨和我已经结婚 42 年了。其

实，我们仍在不断学习，了解到底什么是婚姻。

“爱并且珍惜”

请赞扬他的优点，但记住不是全部。也许，你会发现一些地方——往往是他的母亲教育疏漏的地方——你很想改变，可你要知道，改造自己的丈夫是一项非常漫长的工程，而且不会一帆风顺。有时候，改变自己的心理预期，也许会好一些。

“无论环境好坏”

别期望生活能平静如水，祈祷得到勇气，还要保持你的幽默感。从来，从来没有人拥有完美无瑕、和谐融洽的婚姻生活。美好的婚姻需要双方一起努力，保留弹性的空间，并且克制自我。但是，最重要的基石，是坚定的信念——坚信你们的婚姻一定会天长地久。

“无论贫穷富足”

这句话也许只对极少数人有着特殊含义。我们的每一天都是一种考验，考验你是否在所处的环境中表现得谦逊。拥有得越多，责任也就越大。你是如何运用自己的资源，尽到了自己的责任？在最后，你的生命历程将得到一份判词。因为会回顾反思你的人生的，不是你一个人。

“无论疾病还是健康”

就像你看到的一样，在过去的几个月中，我们有了一个很直接的机会，反省“患难与共”这句誓言。事实上，这次挑战使我们的关系更深了一层。

当然，水面不会一直平静，但我根本无法设想，如果我没有嫁给盖茨，会是怎样的生活。我祝愿，从现在开始，42 年以后的你，也会对你的比尔·盖茨有同样美好的感受。

在比尔·盖茨和梅琳达结婚不久，玛丽·盖茨就带着对儿子和儿媳的祝愿永远地离开了人世。也就在这一年，意大利一家名叫《机会》的杂志创刊，他们想请比尔·盖茨写发刊词。最后，比尔·盖茨实在经受不住《机会》杂志记者的纠缠，表示可以回答他们三个问题。这位记者为了让盖茨说出“机会”二字，绞尽脑汁设计了这样三个问题：一、你认为最不能等待的事是什么？二、你认为什么事情最不能等待？三、最不能等待的事，你认为是什么？

比尔·盖茨当然知道记者想问的是什么，可是此时的他刚刚失去母亲，又目睹了非洲人民贫病交加的状况，他的想法早已超越了常人惯有的逻辑。当他拿到这三个问题的时候，笑了一下，对记者说道："我不知道世人对这三个问题是怎么看的，根据我自己的经验，我认为最不能等待的事是孝顺。也许我的回答令你非常失望，但是，既然接受采访的是一位刚刚失去母亲的人，我相信这种回答是最诚实的。对第二个问题，我认为是爱情。假如你爱上了一位姑娘，千万不要闷在心里，否则她就会属于别人。至于第三个问题，恕我直言，是行善。假若你没有感觉到这一点，一定是我们之间还存在着某些不同。"《机会》的记者当然是特别失望，可是他或许永远无法体会到，比尔·盖茨在经受了这一系列痛苦之后所达到的境界。

结婚之后，梅琳达也离开了微软，一心一意地管理着由比尔·盖茨捐出的一项慈善基金。此外，她还为比尔·盖茨生下了三个孩子，打理着家庭生活的方方面面。事实证明，比尔·盖茨选择梅琳达是完全正确的，他在很多事情上都离不开梅琳达的帮助和支持。更可贵的是，梅琳达不但任劳任怨，甚至还容忍了许多常人难以忍受的委屈。就连沃伦·巴菲特也说："比尔需要梅琳达。"

电脑科技的狂欢

1990年，微软凭借着Windows 3.0击败了所有的对手，成为软件行业的霸主，让软件行业从此走进了一个新的时代。然而，比尔·盖茨并没有因此而得意忘形，反而更加慎重地面对一切。他曾说过这样一段话："一家企业不能把它在市场上的地位看作是理所当然的。一家企业应当不断地评价自己，这样才可能会在某一个行业中取得重大突破；而另一家企业可能会发现，它应当坚持自己所了解、擅长的本行。对于一个企业来说，最重要的是管理人员应掌握必要的信息，认识到其竞争优势，以及他们的下一个市场会是什么。"一面是谨小慎微地面对未来，一面是在行业领域内的锐意进取，这就是比尔·盖茨经营理念的精髓。也正是在这种理念的指导下，20世纪90年代注定要成为微软的时代。

在很多人看来，比尔·盖茨是可怕的，他的

可怕之处不只是体现在对于竞争对手的冷酷上，更多的是体现在他能事先想到一般人所想不到的东西。如果我们仅用“商业”一词来概括比尔·盖茨一生事业的话，那么恐怕会大大地贬低了他对于这个世界的意义。1991 年，比尔·盖茨做了一件出乎商业逻辑的事情，那就是成立了微软研究院，并请来了卡耐基·梅隆大学著名计算机教授里克·雷斯特来主持这项事业。为了请动这位计算机行业的大咖，比尔·盖茨先后动员了戈登·贝尔、奈森·梅尔沃德等人对他进行了长达 6 个月的游说。终于，雷斯特教授答应出山了。当他见到比尔·盖茨的时候，他第一句话说的就是：“我准备找 50 个比我更优秀的人到研究院来。”

“难道这个世界上真有比您还优秀的人吗?”比尔·盖茨诧异道，然后就豪爽地大手一挥道：“统统请来!”

“疑人不用，用人不疑”，这是比尔·盖茨一贯的用人原则。雷斯特教授到来之后，比尔·盖茨就把微软研究院全权交给了他。雷斯特也毫不客气，借机把自己所熟知的所有计算机专家都请了进来，最后组成了一支煌煌 500 人的软件研发队伍。

在竞争对手面前，比尔·盖茨固然很狂傲，甚至不乏冷酷。可是，在知识和技术面前，他却表现得很谦逊随和。微软的首席技术官巴特曾这样对人描述自己的工作："微软也不给我派什么任务，也不对研究设期限，我可以一门心思地钻研一些我感兴趣的问题。有时，盖茨来问我一些很难解答的问题，比如，大存储量服务器的整体构架应该是怎样的？像这一类的问题我一般都不能马上回答，而要在一两个月后才能给出答复，因为我要整理一下材料和思路。"从巴特的言谈之中，我们能够感受到比尔·盖茨对人才的尊重。在激烈的商业竞争中，比尔·盖茨从来都不是一个草莽英雄，他一刻也没有停止过研发团队的组建，这也是他能够长久立于不败之地的重要原因。

在 20 世纪 90 年代的美国，微软当初的那个"家家有电脑，桌桌有电脑"的预言，正在逐步成为现实。因而比尔·盖茨获得了老布什政府的高度赞赏，并在 1992 年获得了乔治·H·W·布什总统颁发的国家技术进步奖章。联邦政府当局曾这样解说颁发给比尔·盖茨奖章的原因："因为他很早就预见到了电脑在家庭和办公室的普及使用，因为他在创办一个全球性技术公司中表现出来的技术和商业管理才能，因为他对个人电脑行业所做出的巨大贡献。”

也就是在这一年的年初，微软公司正式立项研发 Windows NT 操作系统。通过这一系统，用户通过图形用户界面和鼠标就可以完成所有的操作，个人计算机也将因此变得更加友好便捷。1993 年，微软又成功地研发出了电子百科全书，把煌煌 40 卷书的内容压缩进了一张薄薄的光盘里。在当时的人们看来，这简直是一件不可思议的事情。与此同时，微软又开发出了鼠标 2.0。这年的年底，微软被评为“美国最具创新精神的公司”。

1995 年应该说是微软历史上最为辉煌的一年，此时的微软已经拥有了 16350 名员工。经过多年的昼夜奋战，新的操作系统 Windows 95 在这年的 8 月问世了。为了庆祝这一时刻，财大气粗的微软，在全球范围内举办了一场规模盛大的营销活动。一场科技的大狂欢拉开了序幕！微软以 1200 万美元的天价购买了英国滚石摇滚乐团的《启动我》作为 Windows 95 的主题歌。这场规模盛大的促销活动耗资数亿美元，微软雇用了120多家公司为之策划，并在雷德蒙德的微软总部举行了嘉年华盛会。

8月24日这一天几乎成为全球计算机用户的狂欢节，Windows 95的宣传活动整整持续了24个小时。电视、广播、报纸以及各大网站进行了全程24小时的直播，形成了一场狂热的Windows风暴。在这几天的时间里，Windows 95的主题歌一遍又一遍响起。位于华盛顿州雷德蒙德的“微软城”里，可谓是人山人海，来自全球30多个国家的500多名记者、数十位电视台的主持人，还有成千上万的计算机行业的厂家代表和经销商汇集于此。在当晚嘉年华盛会的关键时刻，比尔·盖茨和著名节目《今晚秀》的主持人杰·雷诺一起登场，把整个活动推向了高潮。

毫无疑问，这场规模盛大的营销活动起到了推波助澜的作用，人们对计算机的热情也被推向了前所未有的高峰。在美国各地，掀起了一场声势浩大的抢购活动。从8月24日零点到凌晨1点30分的这段时间里，美国各地的电脑销售处无不门庭若市，每个店铺的收银台前都排起了长龙。在Windows 95问世第一天的时间里，全国销售

Windows 95 系统 30 万套。而在全球范围内，新西兰的威灵顿成了 Windows 95 系统登录的第一个异国城市。在 8 月 23 日 12 点之前，那些热情高涨的计算机用户们就在大街上排队等待了。在英国的伦敦，微软一口气买下了 150 万份《伦敦时报》免费赠阅，一贯冷静矜持的伦敦人几乎把所有的电脑商店围了个水泄不通。而在法国，巴黎人热情更加高涨，人们简直把 Windows 95 的发行当成了他们的节日。

波兰的营销活动更有创意。当地的微软公司特意租下了一艘潜水艇把记者们运达活动地点。潜水艇的寓意是："如果人类生活在没有 Windows（窗户）的世界上，生活将会怎样?"在亚洲也不例外，香港和台湾两地的人们都拿出了抢购"六合彩"的劲头抢购 Windows 95。一夜之间，Windows 95 在全球范围内上演了一场科技的大狂欢。在全球的范围内，Windows 95 当天的销售额就超过了 100 万套。到了 10 月的时候，销售量已经达到 700 多万套。

俗话说得好，老虎也有打盹儿的时候，正当微软在操作系统软件领域意气风发地前进的时候，一个新的时代——"互联网时代"悄然来临。然而，此时的微软对此根本毫无准备。事后，比尔·盖茨曾这样描述当初的失误："当Internet出现时，开始并没有引起我们的重视，而只将它排在公司战略部署的第五六位。但终于有一天，我们突然意识到其发展迅猛异常，并且其影响远远超出当初我们所规划的战略方针对它的认识。"

就在微软全身心地投入到Windows 95系统的研发当中的时候，一个新的网络公司——网景通信公司凭借着Navigator网络浏览软件迅速脱颖而出，并很快对Windows的地位构成了威胁。在这一年微软公司的"静修会"上，一位年轻主管大胆地向比尔·盖茨指出了公司在互联网战略上的失误。面对这个指责，比尔·盖茨没有生气，而是主动承认了自己的失误，并沉重地说："我们是错估了互联网络发展的速度，以至于在互联网络上推出系列产品的速度上稍显落后。这也无疑正好给竞争对手创造了很大的机会。"

网景通信公司的发展确实让比尔·盖茨感觉到了威胁。到了1995年5月的时候，这家年轻的公司俨然成了计算机行业的焦点。它的股票上市的第一天就从28美元一跃而上涨到了58美元，其董事长克拉克迅速成了亿万富翁，这与当年的微软何其相似！与此同时，他们也开始向微软叫板，声称要把Windows打回到“稍微有一点儿瑕疵的设备驱动程序”。

对于一贯自信的比尔·盖茨来说，在互联网领域的失策，无疑是一个沉痛的教训。他后来曾有过这样的反思：“成功是一位糟糕的老师——它会诱使聪明的人误以为他们不会失败。”也正是因为有了这种反思精神，在Windows 95的巨大成功面前，比尔·盖茨丝毫没有迷失方向。他意识到生存的危机无处不在，失败很可能就隐藏于那些辉煌背后的阴影中。在1995年12月份的公司高级别工作会议上，比尔·盖茨对他的同伴们说出了震撼人心的一句话：“微软距离破产永远只有18个月。”

面对网景的嚣张气焰，微软摆出了先礼后兵的架势。1995年，比尔·盖茨先派出了代表与对方商谈合作事宜，在遭到对方拒绝之后，他迅速组织了一场针对网景的大规模反攻计划。在这一年的“思考周”里，比尔·盖茨开始认真地思考起了网络世界的未来。比尔·盖茨周围的人都意识到，他又要有大动作了。在经历过商场上的刀光剑影之后，此时的比尔·盖茨对科技前景的审视也更加成熟了，他清晰地认识到未来的世界必将是一个互联网的世界。

“思考周”一结束，他就发表了著名的文章《互联网浪潮》，在世界范围内引起了强烈的反响。这年的11月，比尔·盖茨出版了他的第一本著作《未来之路》，着重描述了在科技的影响下，人类生活方式将要发生的变化。在《纽约时报》的畅销书排行榜上，这本书连续7周位居榜首。与此同时，微软也开设了自己的门户网站，在3个月的时间里就聚集了50多万个会员。在互联网领域，微软与对手们的角逐开始了。

为了早日完成IE网络浏览器的开发工作，微软首先从Spyglass公司购买到了Nosaic的技术许可，以此作为IE浏览器的基础。而后，又在公司内部组建了一个独立的部门，投入了一支为数200人的研发团队，专门致力于网络技术发展和浏览器开发。最后，微软又使出了最绝的一招，就是利用Windows系统的垄断地位，将IE浏览器与之捆绑进行销售。另外，微软还对Windows操作系统加入了一些限制，这样一来，无论是计算机制造厂商，还是那些计算机用户，都无法用其他网络浏览器取代 IE 浏览器。

在微软这一系列凌厉的攻势下，网景公司的 Navigator 网络浏览器的市场份额迅速减少。虽然网景也与太阳处理器等一些公司结有盟约，但是它们根本无法招架微软的猛烈进攻。其实，网景与微软在实力上的差距太过悬殊了，因此这场争战从一开始就注定了最后的结局。1997 年，微软的研发预算高达 20 亿美元，网景一年的总收入竟还不抵其六分之一。

然而，令比尔·盖茨怎么也没有想到的是，IE 浏览器的这个商标竟然曾被人使用过。这是一家小型的网络公司，两年前就已经倒闭了。如今他们看到 IE 浏览器在微软的打造之下变得如此火爆，自然也就想前来分一杯羹，因而就四处扬言要起诉微软的侵权行为。比尔·盖茨明明知道这是一桩敲竹杠的把戏，可是他无可奈何。因为此时的 IE 已经具有了很高的品牌价值，他就只好派人去和对方私了，花掉了 500 万美元才摆平此事。

1995 年，又一个新的对手崛起了，这就是著名的雅虎公司。雅虎简直是在一夜之间成长为一家大型的门户网站的，这更加刺激了微软在互联网领域的决心。就在这个时候，“硅谷”的两个年轻人成立了一家名叫 Hotmail 的网络公司，专门提供免费邮件业务，而这个业务恰恰是微软梦寐以求的。1997 年，比尔·盖茨亲自前往“硅谷”，与这两位年轻人进行了谈判。不到 3 个月，Hotmail公司就与微软签订了收购合同。为了这个仅有 26 名员工的小公司，微软一口气花了 3.5 亿美元的天价，着实让人惊叹。不过，事实再一次证明，比尔·盖茨是明智的。正是因为有了 Hotmail 的免费邮件业务，微软的门户网站的业务量猛增，在一夜之间成为全球三大网站之一。

微软的成功在很大程度上要归结于它对市场的敏感，而这种敏感度恰恰是靠掌握丰富的市场信息培养出来的。微软公司的一个产品经理曾这样说：“微软人必须知道今天谁在干什么，我们还希望他们知道，明天微软希望他们干什么。我们需要实时的信息以保证为大量的团队改组或者其他改变提供指示。”随着微软的规模越来越大，比尔·盖茨也越来越清醒地意识到公司里存在的一些弊端。他曾这样告诫微软的员工：“公司的规模与业绩是冲突体。即使我们是家大公司，我们也不能像大公司那样考虑问题，否则我们就死定了。把微软不断切分为小公司，能够保持最佳

状态。”

在一次公司会议上，比尔·盖茨甚至这样决绝地说：“每一封电子邮件，都关系着生死。”即便是在功成名就之后，比尔·盖茨问自己最多的问题还是：“是不是做错了什么？对于发生的每件事情都要思考，它是否会是致命的一击。事情不断地在变化，谁处于领先地位？谁又做了些什么？”从比尔·盖茨的言行中，我们不难看到这样两个方面，一方面他是非常自信的，甚至敢在微软的“战争室”里向全球商业界发出挑衅说：“你们应该感到幸运，那只是因为我们没有进入你们的产业。”可另一方面，他又是那样谨小慎微，始终都为一种危机感所笼罩，因为他对这个世界的认识太清晰了。

在 20 世纪 90 年代的一次采访中，比尔·盖茨就曾这样说过：“我害怕失败，绝对如此，每天我走进这间办公室，都自问：我们是否仍然需要辛勤工作？有人超过我们吗？这种或那种产品真的很好吗？我们能不能再加点油，让东西更好呢？”正是在这样一种危机意识的支配下，微软才一次次迎来新的局面。因而有人曾这样评价比尔·盖茨：“这个世界将是他的，只要还有任何东西不在他的控制之下，他就将不遗余力地去获取。”

在网络领域，比尔·盖茨并没有简单地停留在对浏览器的开发上，而是沿着《未来之路》一书中的设想，进一步向未来的家庭模式进军。1996年，微软以4.25亿美元的价格收购了Web TV，从而把微软的产品送入了家庭。在不到一年的时间里，比尔·盖茨就成了传媒行业中的风云人物。同时，他也没有停止对Windows系统的更新。1998年，微软推出了Windows 98，并在这一年的6月举行了Windows 98的盛大发布会。在发布会上，比尔·盖茨意气风发地宣称：“PC和互联网都将成为人们的日常生活用品，目前我们还没能做到这一点。我们肯定会实现该目标，就像美国家家都拥有汽车一样。”

时隔21个月，微软又隆重推出了Windows XP系统。该产品不仅具有Windows NT的稳定性，还带有Windows CE的多媒体功能。在计算机软件领域，微软确实给这个世界带来了一个又一个惊喜。而在这种不断更新的背后，是微软对于技术精益求精的执着。比如在Office 2000的研发中，微软一口气就调动了全球8000多名工程

师，在两年的时间里进行了 75 万次测试，终于使之成功地如期问世。1999 年的时候，比尔·盖茨的身价已经上升到 1000 亿美元。

2000 年，微软举行了公司成立 25 周年的庆典。在大会的发言中，比尔·盖茨再次对未来做出预言："在未来几年里，奇妙的软件、快速的处理器和无线技术的结合将把 PC 应用于任何你能想象到的装置上和一些你根本想象不到的装置上。不论你在哪里，大量的信息、丰富的通信和强大的技术软件都会很容易地使用。先进的新的用户接口将会容许你用更自然的方法使用这些技术，如通过语音，甚至手势。"

创新无垄断

在激烈的行业竞争中，微软如此冷酷凌厉地向对手们一次次痛下杀手，很快就引起了外界的注意。1991 年 4 月，美国著名的《资本家》杂志公然警示大家说："微软公司正在屠杀对手，看来似乎会几近垄断软件工业。"这种警示当然是不无道理的，其实比尔·盖茨之所以表现得如此强大，正是因为他清楚地认识到这个时代的商业规则。他曾毫不客气地说过："处于现今这个时代，如果说‘做不到’，你将会经常站在失败的一边。”

尤其是在快速发展的计算机行业中，淘汰机制更为严酷。比尔·盖茨亲身经历了这个行业20多年来的风水流转，那些曾经让人觉得不可思议的成就，早已成为过眼云烟。到了20世纪90年代的时候，整个计算机行业完全是另一个世界。比尔·盖茨清晰地看到，曾经令他如痴如醉的PDP－10计算机已经被请进了历史博物馆，曾经让他为之一振的阿尔塔8800再也很难勾起人们的回忆，他曾寄予情怀最多的BASIC语言如今看来是那样浅显。比尔·盖茨以自己的亲身经历告诫微软的员工：“四到五年后，现在写的每句指令都会被淘汰。”虽然比尔·盖茨的话乍然一听不免有耸人听闻之嫌，但是它真切地道出了这个行业的残酷定律。在很多时候，软件行业的淘汰周期甚至会比这更短。

对于比尔·盖茨来说，计算机行业中的一桩桩一件件无不让他震惊，他亲眼看到那些不可一世的大公司最终都无奈地退出了市场。数据设备公司开始很了不起，但是被康柏收购了；康柏也很了不起，可最终又被惠普收购了。在这样一个

变幻莫测的行业中，谁也不可能一直把握住命运的走向。在一次采访中，比尔·盖茨这样对记者说：“这个行业的迷人之处就在于没有哪一家公司能始终独领风骚。IBM尽管在技术上居于霸主地位，但还是在竞争中错过了几次好机会。这使你每天早晨都不得不自我反省：‘决不能让机会在今天从身边溜走；随时留意语言识别、人工智能发展的最新动态；务必使我们的员工百倍警惕，以免措手不及。’”由此可以看出，比尔·盖茨之所以会表现得如此强悍，无疑是因为他比别人更清楚地看到了前途中的重重危机。这种危机意识为他的事业增添了一种冒险色彩，反过来也使他变得更加凌厉。

在技术方面，比尔·盖茨很善于向自己的对手学习，他大多数时候都是在对手技术的基础上再推进一步。比如他在86－DOS的基础上推出了MS－DOS，在“莲花1－2－3”的基础上推出了Excel，又在苹果麦金托什电脑的基础上推出了Windows，等等。这种发展方式虽然成就了微软，但是也为它留下了一个剽窃他人的恶名。在面对自己竞争对手的时候，微软一贯的原则是：能收购则收购，不能收购就集中力量对其发动迅猛的进攻，直到使它从市场上销声匿迹。这在微软与莲花、网景等公司的竞争中表现得尤为突出。从早期的微软开始，外界就一直对比尔·盖茨的商业手段众说纷纭。有一家杂志甚至说他“集心狠手辣的竞争者、寡廉鲜耻的抄袭者和永不道歉的垄断者于一身”。在对手们的眼里，比尔·盖茨无疑就是软件行业领域中的沙皇。

不幸的是，微软这一系列商业行为，很快引起了联邦政府的注意。早在1994年的时候，微软曾宣布欲以20亿美元的天价收购Intuit公司。而Intuit是一家以开发财务软件为主要业务的公司，它曾在1988年推出一款新型的财务软件Quicken。与微软开发的财务软件Money相比，Quicken的功能更加先进齐全，受到了用户更为广泛的好评。1993年，随着Intuit公司上市，该软件的人气迅速超过了微软，市场占有率高达72%，很多政府部门和个人使用的都是该软件。微软收购Intuit公司的消息一发布，立即在社会各界引起了一场不小的轰动。

美国联邦贸易委员会迅速做出反应，指控微软“违反垄断法条例、破坏自由竞争”。1994年7月16日，美国司法部审理了此案，让微软公司和

联邦贸易委员会进行庭外和解。不想半年之后，案情再度升级，司法部又重新审理此案，并对微软进行指控，认为微软对 Intuit 公司的收购将造成行业的垄断，不但会使相关产品的价格升级，而且将阻碍个人电脑的财务软件的创新。最终，微软这场高调的收购活动，因为政府部门的干预而不了了之。

随着微软的日益壮大，比尔·盖茨的一举一动都变得格外地引人关注。不但同行们紧紧咬住不放，而且政府部门也开始频频介入微软的商业事务。从 1994 年起，比尔·盖茨就可谓官司缠身，这也加剧了微软生存上的危机感。后来，比尔·盖茨曾这样对人描述微软的处境：“在微软的发展中，危机如同驱不散的幽灵追随着我们。有其他公司的围剿，也有政府的限制，我们始终都处于危机事件的包围中。但危机能给我们带来无限的动力，使我们心中时刻警惕潜在的威胁，时时产生惧怕落后的忧虑，这更会使微软人以百倍的努力去工作，将危机转化成为发展的动力。这也是微软长久屹立不败的因素之一。”

1995 年，虽然这是微软历史上最为辉煌的一年，但同时也是微软生存相当艰险的一年。一场席卷全球的“Windows 风暴”固然造就了一场电脑科技的狂欢，可它同时也触动了联邦法庭的敏感神经。计算机软件行业中的那些虎视眈眈的对手们也联起手来，一起指控微软试图垄断“国际互联网”。

面对这一指控，比尔·盖茨清醒地意识到，一些人确实是出于正义，但是还有相当大的一部分人则是不怀好意地嫉妒。他当然不能对这些指控听而不闻，但是他也不能因此而完全沉浸于这些纠纷当中。在这段时间里，微软不仅一次次推出了自己的新产品，还向对手们展开了有效的反攻。Windows 98、Windows 2000 和 Windows XP 都是在这段时间里推出的。在微软采取了一系列有效的应对措施后，网景通信等公司受到了严重的冲击。与此同时，比尔·盖茨也一次次现身法庭，不断地为微软进行辩护。

面对联邦政府反托拉斯小组的调查，比尔·盖茨并没有低头顺服。他指出了一个真实情况：在个人计算机出现之前，所有的计算机生产厂家生产的计算机都只能使用自家研发的软件，如果一个人想要完成大量的程序，就需要购买很多计算机。正是微软结束了这一状况，并开发出了适用于不同品牌电脑的操作系统，从而为消费者提供了方便快捷的服务。对于同行们的指控，比尔·盖茨义愤填膺地说：“那些都是十足的谎言。是谁培育了这个市场？是我们。是谁与像 IBM 那样规模 10 倍于我们的公司较量，而幸存下来？还是我们。”

最后，经过调查，联邦政府还是认为，微软在与网景通信公司的竞争中，将 IE 网络浏览器与 Windows 操作系统进行捆绑销售的行为属于不正当竞争，严重损害了软件行业的创新机制，并责令其分拆销售。在收到这一通知之后，微软于 1998 年 4 月 27 日召开了记者招待会。面对海内外媒体的记者，比尔·盖茨以不无讽刺的语气说道：“要求微软向个人电脑用户隐藏 Windows 用户界面和 Internet 技术，以及把与微软产品形成竞争的 Netscape 软件与 Windows 一同销售，这一切显然都是在牺牲消费者的利益，而为某个竞争对手谋求好处。强迫微软将与其竞争的 Netscape 软件包括在我们的操作系统中，就如同要求可口可乐在它所出售的每 6 罐装里放 3 罐百事可乐。政府要求对启动屏幕的改换，就好比告诉可口可乐公司，应将其名字从每个易拉罐上除掉。要求我们必须从 Windows 中除去 Internet 技术，就有如告诉可口可乐公司，它必须把一些东西从配方中除去。”

在比尔·盖茨看来，联邦政府根本就不应当介入软件产品的业务，尤其是当它有可能损及消费者的切身利益时，就更不应该了。他郑重声明说：“我们正在努力工作以使计算机更为易于使用而不是更难。隐藏最新技术对于消费者毫无益处。个人电脑制造商有权在他们制造的电脑里安装任何厂商生产的 Web 浏览软件，并能以引人注目的方式显示这一软件。”在 1998 年 5 月 18 日这天，比尔·盖茨向微软公司的用户、合作伙伴以及股东发出了一封公开信。在这封信中，比尔·盖茨针对联邦政府指责微软损害创新机制的行为，再度表明立场：

20 多年来，创新的自由，改进产品的自由，在产品中集成新特性的自由，一直是我们产业的支柱，而这种自由使我们的产业发展成为所有产业中最为激动人心、最富竞争性的产业之一，全世界都有目共睹。如果没有这种自由，今天的个人电脑将没有集成的调制器的支持，没有内存管理，没有任务切换以及其他无数特性，所有这些

特性对于今天的个人电脑都被认为是理所当然的……如果没有创造和改进新产品的能力，任何公司都无法生存，所有的消费者都将因此处于更为不幸的境地。”

然而，事情并没有到此结束，美国司法部依然揪住微软不放，进一步的惩罚措施还悬置未决。欧盟也在这个时候对微软进行了空前严厉的制裁，责令其开发出一种不带有 Windows 播放器的操作系统，并能够与竞争对手有效地兼容。不仅如此，欧盟还对微软处以 6.13 亿欧元的天价罚款。与此同时，那些竞争对手们也在伺机而动，试图在这位巨人倒地的时候找到新的生机。在即将迈入新世纪的千禧之年，微软可谓是“山雨未来风满楼”。此时，比尔·盖茨也不得不采取应急措施，他提拔自己的得力助手鲍尔默为微软总裁。他本人则专心投入到技术研发当中，并重点思考微软下一步将何去何从。

2000 年 4 月 3 日，联邦法院对微软的判决结果终于出来了。联邦法院认为微软将 IE 网络浏览器与 Windows 操作系统进行捆绑销售，并且 Windows 的设计排挤了其他公司的产品，这一做法已经构成了垄断。最后经由托马斯·杰克逊法官裁定，微软此举是在蓄意压制潜在的竞争对手，其目的是要更大限度地扼杀科技创新，而捆绑销售 IE 网络浏览器正是其关键一步。法院进而认为，微软在竞争中存在着专制暴力的倾向，这种妄图支配美国个人计算机市场的手段是不公平的。对于比尔·盖茨来说，这个判决结果无疑是一个最为沉重的打击，但他并没有束手就范，很快就判决结果进行上诉。与此同时，比尔·盖茨也通过各种方式，以争取朝野的支持。

判决结果下来的第二天，比尔·盖茨穿上了西服，表情凝重地走进了美国国会大厦，真诚地与立法人员交换意见。之后，他又来到了白宫，与克林顿总统进行密切的交谈。比尔向他们讲述了自己对计算机行业的看法，描述了计算机对未来世界的影响，并就此发表了激情的演说。此外，比尔·盖茨还充分利用电视资源，大力地宣扬个人电脑所带来的种种实惠，并庄重做出了承诺："最美好的时刻终究会到来。"与此同时，他还就联邦法院的判决进行了正面回应："拆分微软，将危害公司继续创新的能力，并将损害消费者的利益。拆分开发部门的提议也损害了消费者的利益，这些开发部门创造了两个最具有创新性

的技术产品，并对生产力的革新做出了贡献。”

这个时候，沃伦·巴菲特和保罗·艾伦也都积极地站出来，替微软辩护。在接受外界采访的时候，微软的新任总裁鲍尔默说：“微软正期待着这起官司的下一步进展，我们非常乐观，相信受理上诉的法院会推翻最近的判决。当然，不管这起官司的最后判决如何，我们都会服从，但我们坚信现在的这个判决是错误的，也是不公平的。我们相信受理上诉的法院会认识到微软的产品创新是这个高科技产业竞争的核心灵魂。”

微软的这些努力终于赢得了美国民众的同情，在美国广播公司所进行的一项民意调查中显示，62%的人都不同意把微软分解，其中53%的人认为微软应当作为一个公司继续存在。尽管比尔·盖茨和他的同伴们进行了全力争取，但是最终的判决结果依然没有改变。两个多月以后，法院的二审结果出来了。根据这个判决，微软必须分解为两家公司，一家主要经营操作系统，另一家则负责互联网业务。这两家公司都将在法院的监督下进行经营，并且它们之间还会存在一定的竞争关系。

这一结果令比尔·盖茨大为恼火，在接受

《电脑霸主》杂志采访的时候，他愤慨地说：“如果法官想把微软分解成多个小公司，他就去分割好了。到了7月29日，微软公司的家底，还包括几家老的奶制品厂和一家装订厂，如果杰克逊法官觉得合适，他也可以把那家装订厂改成他自己的公司。由于打这次既不公平又花费巨大的官司，我们经历了严峻的重组。这一切对微软员工的影响是很大的，但不管怎样，我们现在正为着一个崭新的微软而不遗余力地工作着。”

比尔·盖茨所说的当然只是一种气话。不过，在这场官司中，比尔·盖茨和他微软的同伴们确实经受了一次严峻的考验。这一年微软公司的财务报告显示，包括聘请律师费用在内的管理支出高达6.89亿美元。比尔·盖茨怀着无比沉重的心情说：“经历法律程序对于任何人而言都是艰难的。过去4年无论对微软全体员工还是对我个人而言都是具有挑战性的。尽管本案发生了很多的曲折和变化，我对我们的公司、我们的员工，以及我们所创造的软件的魅力始终充满信心。”这就是比尔·盖茨，他在任何时候都不会轻易言败。

2000年9月5日，微软举行了盛大的公司成立 25 周年庆典。在这个艰难的历史时刻，比尔·盖茨面对微软的员工们，仍然显得无比自信。他说："纵观我们的历史，我们创造了个人计算机一个又一个的神话。开始的时候，很少有人认为 PC 会成为主流成功产品，但是我们促使它成为可能。其后，人们认为你不可能为 PC 机提供高质量的软件，缺少真正的技术支持，也不可能以低廉的价格向数百万人提供。但是，我们做到了。今天，一些人认为 PC 技术不够强，不足以运行高端服务器或者处理复杂的商务运作。我们要证明他们错了。"

令人意想不到的是，在这个生死存亡的关键时刻，上帝又向比尔·盖茨伸出了援手。2000 年 12 月份的大选期间，总统候选人乔治·沃克·布什来到了华盛顿。他对联邦政府拆分微软的做法提出了异议，并公开表示："我支持创新，而不是法律诉讼。"对于比尔·盖茨和他的同伴们来说，这无疑就像在黑暗的汪洋里，看到了希望的灯塔。

果不其然，随着乔治·沃克·布什顺利当选，"微软垄断案"也出现了新的转机。2001 年 6 月 28 日，哥伦比亚特区联邦上诉法院就"微软垄断案”进行表决，结果是以 7∶0 的绝对优势撤销了地区法院拆分微软的裁决。随后，美国司法部也不再追究微软将 IE 网络浏览器与 Windows 操作系统进行捆绑销售的责任。微软公司终于又重见光明，比尔·盖茨深深地松了一口气。

虽然遭遇如此重大的挫折，但是比尔·盖茨并没有怨恨美国政府。在接受中国中央电视台《经济半小时》栏目采访的时候，他这样说道：“我认为想要成为一家成功的公司，一些重要的因素是必须注意的：需要有稳定的渠道同监管机构进行紧密对话，与它们保持紧密的接触，始终保持沟通与合作。我觉得任何一个国家如果有这样一家有实力的公司，都应当为它感到骄傲，实际上美国政府就为我们感到骄傲，他们创造了我们可以取得成功的环境，我觉得大家不应当混淆一个事实，就是我们对政府的处理意见还是感到非常满意的。”

在 20 多年的创业生涯中，比尔·盖茨不但在这个没有硝烟的战场上一次次取得胜利，而且也在日新月异的科技发展中拔得了头筹。在经历了一系列的辉煌和挫折之后，比尔·盖茨也更加坚信了这样一个真理：在科学技术领域，只有创新，谁也不可能真正垄断这个行业。他曾这样明确地对人说："微软不会永远不朽的。所有的公司都面临着失败，只是迟早的问题。我的目标是使我的公司尽可能地保持战斗力，不论在任何环境中都勇往直前。"

第五章
世界首富的日常生活

在全球各地人们的眼里，比尔·盖茨俨然成了财富和智慧的代名词。在福布斯全球富豪排行榜上，名列榜首次数最多的人应该就是他了，因而他也被美国人誉为“坐在世界巅峰的人”。世人一次又一次津津有味地计算过比尔·盖茨的财富，他生活当中的每一件事情，也都格外地引发大家的关注。

是啊，这样一笔财富，放在任何人那里，任凭他的生活如何豪奢，几辈子，甚至几十辈子都用之不尽。然而，在很多人看来也许最不可思议的是，比尔·盖茨所追求的却是一个普通人的正常生活。在对待人生的态度上，比尔·盖茨显示出了矛盾的两面。他对自己的事业倾注了那么多的热情，可是对于自己的日常生活，他从来都是草草了事。他对人类世界和未来的投入是那样豪奢，可是对自己和家人却几乎到了吝啬的地步。

身为微软的创办人，他从来都没有把这样一个超级跨国公司视为个人的私有产业。虽然比尔·盖茨曾那样坚决地捍卫过自己的产业，但是他从来都不是一个守财奴。在他的眼中，财富确实只是一种符号。他最在意的是，这个世界如何因他而发生改变。从新世纪一开始，他就一步步地交出了公司的管理权，直至最后如期退休。然而，他的奋斗并没有就此止步，他全身心地投入到了慈善事业当中，再一次迈出了改变世界的坚定步伐。

生活中的比尔·盖茨

从辉煌的人生业绩上来说，比尔·盖茨毫无疑问是这个世界上最伟大的成功者之一。对于这样一个传奇式的人物，人们一方面用崇拜的目光仰望着他，另一方面也在探寻着他成功的各种秘诀。

2007 年，比尔·盖茨参加了博鳌亚洲论坛。在此期间，腾讯网推出了“向世界首富比尔·盖茨提问”的活动，有近 20000 名左右的中国网友参与了提问。在网友们提出的 4000 多个问题当中，被问及最多的就是“您成功的主要原因是什么”。比尔·盖茨的回答非常简单：“勤奋工作，我对自己要求很苛刻。”

在了解完比尔·盖茨的创业历程之后，我们都不难明白这样一个道理：在一个人成功的道路上是永远没有捷径可走的，无论他如何聪明。很显然，比尔·盖茨正是如此，工作是他生活当中最重要的部分。而对其他方面的需求，他始终都维持在一个正常人的水平。“我工作，我兴奋，我快乐!”这是比尔·盖茨最常说的一句口头禅。他从个人计算机软件的设计中找到了自己的人生价值，并以一种持久的激情投入到这项工作当中。在很长很长一段时间内，他每周的工作时间一般都是在 70 个小时以上，有时甚至长达 90 个小时。如果一个人长期坚持以这样的状态工作着，那么他怎么可能会不成功呢?

其实，比尔·盖茨也不完全赞同自己的员工拼命地加班加点，他更希望那些年轻的程序员们“职业生涯很长，以平和的方式来工作”。要做到这一点，关键就在于他们能否“从自己每天的工作中得到乐趣”。只有这样，他们的工作才会形成一个良性的循环。比尔·盖茨曾经这样说过：“我热爱我的工作，所以我也喜欢长时间工作。”

在微软的创始阶段，这位年轻的公司老板，为了自己的工作，完全做到了心无旁骛的地步。他几乎没有过一个像样的假期，也很少会注意自己的形象。在那些陌生人的眼里，比尔·盖茨经常被误认为是品行不端的社会青年。有位微软的资深女员工曾这样开玩笑似的对人说：“当你看到比尔，你总是忍不住疑惑：昨晚他睡在哪间办公室？你总想上前去问他：嗨，比尔，我不知道，你是否每天淋浴？但如果是的话，是不是能够同时洗洗头？”当年微软隆重地推出 Excel 软件的时候，曾在纽约举行了一次盛大的发布会。本来到场的各位嘉宾都在期待着微软公司年轻有为的董事长，结果让众人瞠目结舌的是，站在主席台上的竟然是一个衣冠不整的年轻人。

即便是在功成名就之后，比尔·盖茨每周的工作时间仍然保持在 60 多个小时。当工作做完的时候，这位亿万富翁还会去除除草或做些别的事情。比尔·盖茨每年都有两周的休假时间，他也把这两周称为“思考周”。在这段时间里，他会思考世界大势，阅读好几十本书，还会查看各类软件，以跟得上迅速发展的行业形势。对于比尔·盖茨来说，学习已成为他休息的一个重要方式。而在大部分的时间里，他都在为公司的事务忙碌着，尤其是在微软成为一个超级跨国公司之后，他的日程表上排满了各种会议。

另外，由于此时的比尔·盖茨已经成了父亲，他常常要等到孩子们睡觉之后，才去回复白天收到的各类信息。此外，他还要抽出四分之一的时间前往欧洲和亚洲，与那里的顾客会面，以便直接地获知更多的用户信息，为公司制订出下一步的发展方针。

工作让比尔·盖茨忘记了疲倦，也让他超越了金钱。他曾很明确地对别人说："我不是在为金钱而工作，金钱让我感到累。"在微软上市之后，公司里的一些总经理的年薪高达 22 万美元，而比尔·盖茨的年薪却仅有 13 万美元。在 1994 年接受《花花公子》采访的时候，他这样对记者说："请记住，我身上没有美元，我只是持有微软的股票。因此在谈论我的财富时，他们只是通过乘法运算，然后才把我的财富转变为一个令人恐怖的数字。"在比尔·盖茨看来，自己工作的目的早已不再是为了金钱，而是为了整个软件行业的长久发展。

在微软公司的一次副总裁会议上，比尔·盖茨曾这样对自己的同伴说："对我来说最重要的事情只有两个，一个是我的家庭，还有一个就是整个软件行业。并不是说微软成功了，整个软件行业就成功了。微软已经做得这么成功了，我完全可以把更多的时间花在我的家庭上面了，但今天我还这么专注于我的工作，是因为我认为人们还没有完全享用到软件可以带给他们的福利。"

相比于对工作的这种"豪奢"来说，比尔·盖茨在生活中的吝啬可以说是出了名的。这种吝啬多半是出于两种缘故：其一就是他把精力都投入到了自己的工作当中，其二则是他有着一套自己的金钱观念。在公司搬到贝尔维尤之后，比尔·盖茨几乎把所有的精力都倾注到了工作中。1984 年的时候，有个微软的职员曾到过比尔·盖茨的家里，让他大跌眼镜的是，这位老板家里的布置还不如他们普通员工，屋里别说电视机了，连一些最常用的家具都没有。要知道，此时的微软公司已经是操作系统行业里的老大了，而年仅 29 岁的比尔·盖茨也早已成为声名远播的亿万富豪。可是，就是这样一个年轻有为的老板，每天中午却在公司里陪着自己的员工们吃汉堡。

事实上，微软之所以能取得如此辉煌的业绩，很大程度上是与比尔·盖茨本人的这种生活方式分不开的。他曾经这样对人说："我不关心钱，也不在意股票市场的变化。钱既能改变人的生活，也会使人从工作上分心。我只关心工作，我公司里的程序设计员，工作都很疯狂。我也有幸将这么多工作狂网罗到微软公司的旗下。大家或许为我的态度吃惊，我想，这可能缘于我的处事方式与态度吧。我待人生硬、倔强，但我无法改变我自己，也许正是这种强硬的人生态度成就了我的事业。"毫无疑问，比尔·盖茨的这种生活态度，对他手下的员工也是有着不容忽视的影响的。

在搬到贝尔维尤不久，总裁威兰德把自己的办公室装修得非常气派，比尔·盖茨知道后很生气。他直接去告诫威兰德说："你这样做非但没有必要，反而不利于公司的进一步发展。"1986年，微软成功上市之后，公司里一下子多出了许多百万富翁。很多微软员工一下子飘飘然起来，公司的停车场里出现了很多豪车。更为夸张的是，有些人还在自己胸前挂起徽章，并宣称自己有很多很多钱。从此，大家都开始关注股市的变化，也不再全心全意地编写程序了。比尔·盖茨很快就敏感地意识到，如果不及时止住这种风头，势必会给公司的前途带来影响。在一次公司大会上，他狠狠地批评了这种行为。也正是因为有了这样的老板，微软员工在花钱上很多时候也是精打细算。即便是后来微软成为全球一流的跨国公司，员工中间也很少有人挥霍无度。

在花钱方面，比尔·盖茨最常说的一句话就是：“花钱如炒菜一样，要恰到好处。盐少了，菜就会淡而无味；盐多了，则苦咸难咽。”这位年轻的富翁在哈佛读书的时候，曾经玩过 2000 美元一局的扑克牌，也曾经为了举办一场普通的婚礼，一把就抛出去了 100 万美元。在创建微软研究院时，他动辄就是数十亿美元，这些无不让世人叹为观止。可是，真正到了日常生活中的开销，比尔·盖茨的节约简直到了吝啬的地步。他每次去开会的时候，大都是乘坐普通轿车，并将轿车停放在普通的停车位上。

有一次，比尔·盖茨应邀去希尔顿大酒店开会，因为晚到了一会儿，普通的停车位已经没有了。即便会议主办方愿意出钱，他还是拒绝使用

12 美元的贵宾停车位。更让人觉得不可思议的是，有一次他去一个较远的地方开会。本来主办方已经给他订下了商务舱，他却坚持让主办方改为经济舱。非但如此，他到了地方之后，竟然要求主办方把 200 美元的差价补给他。

在对待金钱的问题上，比尔·盖茨的这种姿态绝对不是一种做作，而是从小养成的一种价值观念使然，他讲究的是支出效益的最大化。他曾这样对人说："我对钱的看法比较坚定，可能是由于我父母的影响、我的工作和我的信仰的缘故。有些人问我为什么不买一架飞机，或者其他类似的问题。为什么呢？因为一个人会对奢侈的东西习惯的，这可不是什么好事。"这位世界闻名的亿万富豪曾因为经常出入 7 美元的理发店，让很多人都记住了他。

此外，他还对商场里的打折商品感兴趣。有一次在一家墨西哥食品店，他看到了海报上的五折商品，在确认货真价实之后，便付了款。他像孩子一样兴奋地对梅琳达说："看来这里的确如同人们所说的那样，我今天很高兴自己没有被多掏腰包。"他也曾这样给人说："如果你已经习惯了过分享受，那你将不能再像普通人那样生活，

而我希望过普通人的生活。”每当他私下外出的时候，既没有专职司机，也不带保镖，就一个人在外面闲逛。有一次出门的时候，他竟然碰到了自己的老朋友雷伯恩，便上前热情地打招呼说：“喂，你好，我们一起去吃热狗吧。”每当提起比尔·盖茨的时候，雷伯恩总是哈哈大笑地说：“他哪里像是世界上最有钱的人啊。”

虽然比尔·盖茨的头上顶着“世界首富”的光环，但是他从来都没有把这笔财富视为己有。他曾这样定位自己的身份：“我只是这笔财富的看管人，我需要找到最合适的方式来使用它。”生活中的比尔·盖茨很多时候都视财如命，可是一旦谈到公益事业的时候，这位“吝啬”的大富豪瞬间就成了另一个人。这个时候在他看来，钱只是一种符号而已。2003 年 5 月份的一天，比尔·盖茨在南卡罗莱纳州沃特镇的一家咖啡馆里接受了 NBC 广播公司的采访。在接受采访的过程中，他要了两杯咖啡，一边喝咖啡，一边兴奋地谈论着一笔 2.5 亿美元的捐款计划。等采访结束，由于他太过兴奋，竟然忘记了买单。

生活中的比尔·盖茨还是一个运动高手，他对滑雪、溜冰、跳舞等活动，可以说是无所不精。一位认识他的证券分析师这样说："他的脚一踏进舞池，整个人就陶醉了。"当然，比尔·盖茨也有一些比较奢侈的爱好，比如飙车，开快艇和飞机。他对速度和激情有着一种特殊的偏好。他常常喜欢驾驶着自己的保时捷 911 在沙漠里狂奔。这不仅满足了他冒险的欲求，也极大地缓解了他工作中的压力。

在微软公司刚成立的时候，比尔·盖茨曾两次因为夜驾超速而被扣押进了当地监狱，不得不由保罗·艾伦前去把他保释出来。后来，他又因为超速，先后三次被撕了罚单。另外，他还喜欢快艇和飞机，但是这些交通工具只不过是他追求刺激的游戏方式。在大多数的时候，他的保时捷都放在车库里。开得最多的，还是他那辆白色雪佛兰普通轿车。

在比尔·盖茨和梅琳达结婚后，他们生下了两个女儿和一个儿子。做了父亲之后，比尔·盖茨开始抽出更多的时间和家人在一起，享受简单而愉悦的家庭生活。在一次接受《美国日报》采访的时候，他曾这样说道："我生活中最有满足感的部分是拥有孩子，与孩子们一起玩耍。除此之外，很难在开发使人们拥有更强大能力的软件产品和扩大基金会在全球的影响力之间做出选择。我喜欢基金会的工作，我与妻子梅琳达一起做了许多工作，我的父亲也介入了。在我看来，两种感受是类似的。‘人们买了多少软件’以及‘挽救了多少生命’都是很漂亮的数字。”

有时候，比尔·盖茨也会和梅琳达一起探讨对于子女的教育。不过，比尔·盖茨从来都没有刻意地向子女们灌输电脑知识，他的大女儿 10 岁的时候还对电脑不感兴趣，直到进入了一家多媒体学校后才略有好转。对于子女们的选择，比尔·盖茨表现得也很开明，他这样对人说：“对于他们选择做什么，我是很中立的。不过，如果他们想进入技术产业，我会问他们几遍：你们是否确实因为对那里有一种奇特的预期才想做我的同行？也许他们最终做的是某些完全不同的事情。如果他们选择当医生，或者成为艺术家，或者创办自己的企业，这也很好。我要他们做到的是：感觉自己能承担风险，并感觉有安全的落脚点——不过，当然不是那种不用出去、不用做事的安全落脚点。”

非但如此，比尔·盖茨甚至不希望自己的孩子将来会接管微软的事务。他是这样认为的：

“我想当你拥有了一家像微软这样规模的企业后，你会千方百计地阻止你的孩子涉足企业当中，因为你不清楚他们身上会不会由于带有一些特殊的身份象征而享有某些特权，从而破坏公司的规矩与制度。”

在满足孩子们的物质需求方面，盖茨夫妇表现得都非常“吝啬”。2003 年的时候，比尔·盖茨曾向世人公开了他的遗嘱，大意是说：除了给每个孩子留下 1000 万美元的现金和价值 1 亿美元的住宅之外，其个人财产的 98%都将捐给比尔及梅琳达·盖茨基金会。而对于那种把财产留给孩子的做法，比尔·盖茨说道：“大家知道，很多人希望把他们积累的财富留给下一代，这样做当然合情合理，无可厚非。但对我个人而言，如果我能把自己有幸掌管的巨额财富回馈社会，用到重要的事业上，如科技、教育、医学研究、社会服务及其他领域，这更有利于社会，也更有利于我的孩子。”

比尔·盖茨一生中最为奢侈的花费，无疑就是他的豪宅了。这座占地面积超过 6000 平方米的豪宅还有一个名字叫“未来之屋”，它的蓝本是比尔·盖茨在 1984 年构思出的未来家庭的模式。

可以说，这座豪宅不是一般的奢华，它集中体现了未来世界的科技理念和生态理念。早在 1994 年的时候，比尔·盖茨就悄无声息地买下了华盛顿湖旁边的大片房产。然后，比尔·盖茨又起用了各方力量，仅这座豪宅的设计就耗时 3 年，建造过程又耗时 7 年。从外面看去，豪宅依山傍水，简直就是一处世外桃源。地面建筑高四层，还有一半埋在地下。

乍一看去，这座豪宅就像一座会议中心。事实上，它也确实有着会议中心的性质，每年这里都会举行一次盛大的 Micro Games。微软公司的员工，以及微软的客户都会参与其中。最让这座豪宅大出风头的还有一件事，那就是 2006 年 4 月 19 日这一天，时任中国国家主席的胡锦涛来到豪宅，并与盖茨夫妇共用晚宴。世界各大媒体争相报道：“胡主席的第一顿豪华宴会不是在白宫，而是在全球首富的家里。不是在华盛顿特区，而是在西雅图。”此外，胡锦涛主席还在这里发表了重要的演讲，“未来之屋”一时间成为全球关注的焦点。

这座豪宅最震撼人心的，不是它的奢华，而是它的设计理念。宅区内可谓绿树如荫，种满了从各地移来的原生态树种，每条道路或是用石板铺垫，或是用花岗岩、砂岩镶嵌。另外，宅区的每个角落里都装有感应系统，它首先会对每一位来客进行身份验证，不但准确地记录来客所在的位置，而且会满足来客或者预知来客的一些需求。宅区里的房子多为木质结构，大约使用了 50 多万块板材。地基则是由水泥和钢筋加固而成，里面铺有大量的光缆，将所有的电器设备连接成为一个标准的局域网，连接着屋里屋外的多个 Windows NT 系统。

每个房间里的照明、娱乐设施，甚至包括室温都是感应控制的。此外，这座豪宅里面还有图书室、工作室、接待室、电影室、车库、健身中心、游泳池等，各种设施一应俱全。接待室里可以轻松招待 200 多人，车库里可以容纳 30 多辆汽车，餐厅可以同时供 150 人就餐。最值得一提的就是比尔·盖茨的图书室，里面藏书 10000 多册，其中不乏价值连城的绝版图书，甚至包括拿破仑、达·芬奇在内的名人手稿。

最令人不可思议的就是"未来之屋"的客厅。这座客厅极为宽敞大气，客厅的背景居然是个水族宫。里面游弋着各种各样的海洋生物，不仅有海豚、鲨鱼等大型物种，竟然还有一头鲸鲨。不错！正是那种早已濒临灭绝的鲸鲨，它可是当今世界上最为古老的海洋物种之一。而要管理这个水族宫，也不是两三个人能够应付得来的，比尔·盖茨为之专门成立了一支科研小组。

为了建成这座豪宅，比尔·盖茨前后大约花了1亿多美元。它已经不再是一个普通的家庭居所，而是比尔·盖茨科技理想的一部分。比尔·盖茨曾不无得意地对人说：“虽然房子的设计有点领先于时代，但也许它预示着家庭的未来。在我的床边有一个木制的矮柜，柜中隐藏了一个扁平的40英寸屏幕，只要我按一个键，屏幕就会从矮柜中自动升起，我与我的太太就能从中观看电影或是收看新闻，或是欣赏全家人的照片。若是按另外一个键，屏幕就会自动地收回去，设计得如此完美而没有任何缺憾。”

英雄的离场

在微软推出的世界大百科全书《英卡塔》（Encarta）中收录了“比尔·盖茨”这一词条，其中对此是这样解释的：“比尔·盖茨的大部分成就，在于他有能力将科技的远景转化为市场策略，把对科技的敏锐和创造性融合在一起。”可以说，这一解释恰如其分地概括了比尔·盖茨一生的业绩。

从某种程度上说，比尔·盖茨的成功是一种科技幻想的实现，而这种幻想最初萌发于湖滨中学的那间电传打字机室。当他看到那几台笨重的电传打字机时，就隐隐地感觉到了它们的魔力。他曾这样对人说：“当我和最亲密的伙伴保罗在湖滨中学几台笨重的机器前设计课表程序时，我们就坚信电脑将大行于世。”这样一个貌似幼稚的梦想，包含了他对未来世界的构想。

回顾比尔·盖茨的前半生，我们就会发现，这位了不起的电脑天才的每一步奋斗，都是在向着他最初的那个目标前进。也许比尔·盖茨并不是这个世界上最聪明的一位，但是他的微软帝国不但前无古人，而且也是他同时代的人所无法超越的。在微软刚刚成立的时候，行业里还存在着另外几家小公司，但是它们没过多久就销声匿迹了。而比尔·盖茨成功了，他成功的一个重要原因，就是因为他比别人多了一种叫梦想的东西。他说：“在微软的初级阶段，我的梦想是：每个家庭里、每张办公桌上都有一台电脑！把全世界

引向未来的时速之路。”这在当时简直是痴人说梦，可是又有谁会想到，在多年之后，这个梦想竟成了现实，比尔·盖茨也因而成为最大的赢家。

正是因为有了这种梦想的支撑，比尔·盖茨在他事业的道路上从来都没有止步不前。在Windows系统成功研发出来之后，微软随后又推出了Windows 2.0、Windows 3.0、Windows 95、Windows 98、Windows 2000，等等。事实证明，每一种新产品的推出，都让比尔·盖茨离他的目标又近了一步。在他看来，Windows不但要成为一种工作的工具，而且要成为人们生活的一种方式。他曾这样对人说：“我们希望将来能使人们一天14到16小时都可以使用Windows。很多人都觉得这只是一个梦。我觉得，我们对于Windows能把人们生活改变的这种梦想是无止境的，也正是这种梦想，推动我们微软的事业一直在向前。”从某种程度上说，对科技的幻想是比尔·盖茨事业的重要支撑。凭借着这个梦想，他培育出了一个广阔的市场，并一步步地走向了人生的巅峰。

2000年1月，比尔·盖茨做出了一个重大决定。在担任了微软公司19年的CEO之后，他把这个位置转交给最得力的助手史蒂夫·鲍尔默，只保留了微软的董事会主席和首席软件设计师的职务。比尔·盖茨很看重自己在公司里的新职务，并这样对外界说："我是首席软件设计师，这个职位很重要的一件事就是要关注技术的发展，理解我们的用户想看到什么新东西，看软件怎样能把这两个方面结合在一起。"同时，这次权力的转接也意味着比尔·盖茨将在自己一手创办的公司里退居二线。对于比尔·盖茨来说，这个选择无疑是一场巨大的考验。软件开发固然是他最热爱的事业，可是微软公司毕竟是他一手打拼下来的天地。他的好朋友沃伦·巴菲特一针见血地说："他根本不可能放弃对微软的控制，那家公司是他的心肝宝贝。"

在这之后一年多的时间里，虽然比尔·盖茨在竭力地调整自己的状态，但他还是禁不住地想去左右公司的运营。对于鲍尔默的很多决策，他经常会公然地给予正面批评。两个人的冲突曾一度弄到了不可收拾的地步，以至于董事会不得不出面调停。在这段艰难的日子里，妻子梅琳达、好友巴菲特都成了比尔·盖茨的倾诉对象。同时，他自己也清醒地意识到，自己必须学会适应新的职务，否则，鲍尔默的工作将无法开展，而这势必会影响到公司的前途。从此，比尔·盖茨不得不努力地去适应新的工作状态，他开始在各种会议上保留自己的意见，并全力以赴地去支持鲍尔默的工作。

通过很长一段时间精心的调整，比尔·盖茨终于适应了自己的新位置。他又开始向未来进军，并满怀信心地对人们说："未来所有的媒体与娱乐，都将由软件带动，走向随时随地获得信息、网站内容越来越丰富、平面电脑不断进化，以及更多的使用者充分实现定制化，帮助人们各取所需。"这时传出了一个振奋人心的消息，微软又要推出新产品了！2002 年，比尔·盖茨在接受《商务周刊》采访的时候，透露出了一个惊人的消息——微软正在全力开发平板电脑。他这样说道："我认为下一代笔记本必定是平板电脑，而下一代笔记本必定在所有便携电脑中占有越来越高的市场份额，便携电脑又必定在所有的电脑中占有越来越高的市场份额。"

果不其然，没过多久，微软的平板电脑上市了，上市的第一年就出售了 50 多万台。在 2004

年的微软技术展望大会上，比尔·盖茨再次宣扬了平板电脑的种种好处。他说："作为我个人来说，我喜欢平板式的电脑，比如开会的时候可以记笔记，可以用电子墨水写，可以发电子邮件，而且可以看信息。我觉得每一个学生都应该有一台平板电脑，它上面有一个麦克风，与语音识别连在一起，与无线网络连在一起。"

在高新科技行业中一直都贯穿着一个必然逻辑，那就是你只有不断地创新，坚持不懈地向未来进军，才不会被市场所淘汰。在激烈的市场竞争中，你只有比自己的对手看得更远，才能先人一步，掌握竞争中的主动权。而比尔·盖茨的过人之处，不仅在于他精明的商业之道，还有他对未来行业的精准把握。2003 年，比尔·盖茨在接受英国《金融时报》采访的时候说："我们今天获得的收入，都是来自两三年前的突破性技术。"

这一年，世界电信联盟大会在日内瓦召开，比尔·盖茨在大会的发言中再次做出惊人的预言："不久的将来，你们在提起电话业务销售收入的问题时，在座的各位就再也不会仅仅想到语音通话的销售收入，各位想到的将是电信网络所提供的种种综合性服务带来的市场销售收入。"

在10多年后的今天，这句话已经丝毫不能再让我们觉得振奋了，因为手机上网、游戏、音乐下载等都已经成为再普通不过的日常业务了。可是要知道，在10多年前手机还没能够普及的时候，这一切几乎是不可想象的。

在诺基亚手机雄霸市场的日子里，很多科技公司都在争先恐后地开发WAP平台。微软当然也未能免俗，并为之投入了数亿美元。不过，在研究进行了一段时间之后，比尔·盖茨就意识到，WAP的功能太有限，根本就是死路一条。比尔·盖茨再一次显示出了其过人的智慧，他一下子就看到了问题的关键所在：“电信业务的真正未来在于功能更为丰富的手机。”因此微软迅速中断了WAP平台的开发项目，将大部分的财力和精力投入到了对智能手机的研发中。

到了2004年的时候，智能手机的市场兴起了，传统手机和掌上电脑的市场份额迅速萎缩，直至后来在市场上完全销声匿迹。其中遭遇冲击最大的就是诺基亚，这个传统手机行业中的老大，几乎是在一夜之间被挤出了市场。这一年的8月份，微软正式进军音乐下载市场，并与该行业的老大苹果公司公然叫板。到如今，微软已不再是一个单纯的软件公司了，就美国的本土市场而言，微软在电视机顶盒领域是老大，在智能手机领域则是老二，在游戏领域也是老二。至于计算机领域，它依然是当之无愧的全球霸主。

比尔·盖茨有着一个为一般商人所不具备的优点，那就是他善于培养那些潜在市场。在微软还是一家小企业的时候，他总是积极参加各种展销会，尤其是像国际消费类电子产品展览会（简称 CES）这样的盛会。即便是后来微软成为一家超级跨国公司之后，比尔·盖茨仍然不曾错过一届。他在各个展台之间流连，看看是哪家公司的显示器清晰，再看看是哪家公司的硬盘容量大。在他看来，这些细节都是数字时代的重要元素，甚至有可能影响到高新科技市场的走向。

为了潜在市场的培养，比尔·盖茨的目光有时候放得更加长远。从 1994 年开始，微软公司每年都要举办一次全球规模的征文大赛，对象是从 9 岁到 12 岁之间的小学生，让他们描述自己心目中的电脑。优秀者不但会获得丰富的奖品，而且还会被邀请到微软总部参观。在那里，他们不仅能够与比尔·盖茨合影留念，还可以和他畅谈自己对未来世界的幻想。因为比尔·盖茨清楚地认

识到这样一个事实：这些孩子是人类世界的未来，多年以后他们将会成为微软的用户，甚至还可能会成为微软的一员。

放眼整个国际市场，比尔·盖茨的眼光确实是常人所望尘莫及的。当他第一次来到中国的时候，就预感到了中国市场的巨大潜力。可惜的是，微软的操作系统初次进入中国市场时，遭遇了严重的盗版问题。谁知道，比尔·盖茨非但没有生气，反而很有信心地说："先让他们上瘾，再让他们来购买我们的产品。"

1997 年夏天，当比尔·盖茨和沃伦·巴菲特骑着自行车优雅地穿过清华大学和北京大学校园的时候，两个人一下子就被中国学子的聪慧和热情打动了。比尔·盖茨迅速做出了一个决定，将正在筹建的亚洲微软研究院的地点从印度的新德里改为中国的北京。2007 年 4 月，比尔·盖茨出席了在北京举行的青年领袖圆桌会议，他在会上大胆预测："亚洲的发展未可限量。如果人们要问下一个比尔·盖茨会出现在哪里，我相信下一个伟大的成功者会来自亚洲。"毫无疑问，比尔·盖茨的话是对中国，乃至整个亚洲青年一代强有力的鼓励。

即便是坐拥数百亿美元的资产，比尔·盖茨也从来都不敢懈怠。在一次采访中，他是这样说的："我们在银行保有数百亿美元的资金，这似乎为错误留出了一些空间。我相信可以犯一个错误。如果犯两个或三个错误，可能就会把这些耗尽了。思考即将到来的变化是好的管理的一部分。这也就是我们为什么能够成功这么久的原因。我曾说过，如果微软在这期间有了什么问题，那就应该是当专注于某件事情的时候，而错过了某件伴随出现的事情。"

在把权力移交给鲍尔默之后，比尔·盖茨就全身心地投入到了微软的产品研发战略当中。他开始潜心打造"数字 10 年"规划，处理包括语音、手写和提高劳动生产率的各种新型软件。他坚定不移地认为，人类世界在未来几年里所发生的变化，将会比过去任何一个世纪的变化都要大。与此同时，微软在 Windows 操作系统领域依然在奋勇前进。时隔 5 年之后，Windows 操作系统又完成了一次重大升级，这就是微软于 2006 年所推出的 Windows Vista。

11 月 30 日这一天，Windows Vista 在北京、伦敦、巴黎等全球各大城市与用户见面了。虽然

比尔·盖茨对 Windows Vista 给予了很高的评价，但是与当年 Windows 95 那样的狂欢场景相比，Windows Vista 的市场反响很不如人意。比尔·盖茨清醒地认识到，20 世纪 90 年代那样的科技狂欢再也不可能出现了。虽然微软在科技创新领域里仍然可大有作为，但是人们对于 IT 行业的热情已经冷却了下来。就整个行业的状况而言，21 世纪将是一个表面平静却暗藏激流的年代。只要稍不留神，昔日的辉煌便会付诸东流。

可是，如果我们就此而认为比尔·盖茨会对时代俯首帖耳的话，那就大错特错了。2006 年，微软又传出了一个石破天惊的消息——比尔·盖茨将要购买火星，并准备在上面建造一幢别墅，开辟出一片私人天空来。比尔·盖茨的想法当然不是无稽之谈，因为火星上已经被确切证实存有生命的迹象。在比尔·盖茨看来，购买火星是他从地球空间转向宇宙空间的重要一步。在消息公布的时候，比尔·盖茨已经向联合国的相关机构提出了购买火星的申请。

可惜的是，火星的开发使用权限属于联合国技术委员会，即便比尔·盖茨有再多的钱，也无济于事。不过，该委员会的主席弗雷德这样对外界说："尽管无法将火星出售给比尔·盖茨，但是，我们可以公平地保证，他可以到这个星球旅游和度假。微软公司的人员似乎正在研究一种新Windows 版本，以配合他们未来的火星旅游。"

2006 年 3 月，福布斯全球富豪排行榜又揭晓了，比尔·盖茨以 500 亿美元的资产再度荣登榜首。正当全球各地的人们以无比崇敬的目光，仰望着财富光环之下的比尔·盖茨的时候，6 月 16 日这一天，微软公司忽然又发布了一条惊人的消息——公司董事长兼首席软件设计师比尔·盖茨将从 2008 年 7 月退出公司的日常管理。这一天，微软公司的每一位员工都收到了比尔·盖茨发来的一封邮件，开头这样写道："在过去的 32 年里，我一直都在做着世界上最好的工作。我与世界上最聪明、最具有热情的人们一同工作，我们一起创建了一家伟大的公司，它的产品授权给全世界的人们使用。"

在这封邮件中，比尔·盖茨对鲍尔默的工作给予了很高的评价："6 年前，当史蒂夫·鲍尔默被提升为 CEO 时，他和我做了一次重大的交接。从各种尺度来看，他所做的工作都是显著的，无论是他介绍引进的人、运行公司的新方式，还是客观目标——6年中的收入加倍。史蒂夫已经驱使我们在许多事情上增加了重重的一笔赌注，如：Xbox、即时通信、商业应用程序、IPTV和包括Live平台在内的许多其他方面。史蒂夫是我所能想象到的微软最好的CEO，他正以需要变化的方式改变着这家公司。”

比尔·盖茨要退休了！这简直是一个不可思议的决定。一时间，有人高兴，也有人忧愁，谁也说不清这对微软是好事还是坏事。这年夏天，美国《新闻周刊》专门采访了比尔·盖茨，他给出的回复是非常肯定的——“一旦我做出了决定，我绝不回头再去想第二遍”。虽然比尔·盖茨宣布了自己的退休计划，但是他丝毫没有放慢工作的节奏，对于未来的想象力也丝毫没有减弱。2007年，比尔·盖茨再度预测了未来电脑技术的变革趋势。他说：“未来5年，触摸、视觉和语音界面将变得更为重要，也就是所谓的‘自然用户界面’，我们将增加触摸和直接控制功能，并加入视觉技术，使电脑能通过‘看’，就了解你在做什么，同时还会增加语音和书写功能。”在随后举行的记者招待会上，比尔·盖茨展示了新开发出的触控桌面电脑。这款电脑看上去就像是一个多功能的桌面屏幕，人们通过它可以更为便捷地浏览照片，欣赏音乐，甚至安排生活。

时间很快到了2008年。1月8日这一天，比尔·盖茨再度出席了CES，最后一次代表微软做了主题发言。他无比欣慰地说道："我个人认为，既然改变一定会发生，我们就应该尽可能地利用它，而非阻止它。事实上，能够躬逢其盛，参与一个划时代的改变，我感到无比幸运。"之后，比尔·盖茨接受了著名科技网站CNET News.com一名记者的访问，他不无伤感地说道："33年以来，我在微软工作，每天都来上班，思考我们需要做的新东西、我在其中的角色、大量的电子邮件、大量的会议、大量的产品评测。因此，从某种程度上讲，我很难想象，当我离开这里，我和微软将会怎么样。"作为微软公司的创始人之一，并把微软从一家"二人小店"发展成一个科技帝国，比尔·盖茨的离场注定了是一个让人感伤的抉择。

2008年6月27日是比尔·盖茨在微软的最后一天，微软的同伴们为他举行了一场隆重的告别大会。在这天的告别大会上，会场上的掌声此起彼伏，这位曾经让人闻而生畏的商业领袖此时也潸然泪下。他动情地对微软的员工说："你们使我的生命充满了乐趣，在我的一生中，我没有一天不在想微软，不在想微软所从事的伟大事业。"他就像一位"老父亲"，对大家寄寓厚望地说："我认为，我离开微软的全职工作可以为其他人创造一个走到前台的机会，因为我离开可以腾出一个真空地带。我决心离开，给微软一个新气象……关于微软的发展，我认为想法并不重要，重要的是敏捷，特别是在处理困难的挑战面前。微软公司的规模不会再扩大一倍，但要知道以前曾犯过的错误。"

接着，鲍尔默以无比真诚的语气说道："我们无法对比尔言谢。比尔是创始人，比尔是领袖。微软是他的孩子……我们获得了一个巨大的、巨大的机会。而这个机会正是盖茨为我们提供的，为此我们还要向盖茨说一声'谢谢'。"

比尔·盖茨离开了微软。无论是就整个外在世界，还是就比尔·盖茨的内心而言，这种离去都注定是无法平静的。此时，当我们环顾全球，可谓是风起云涌。金融危机的熊熊大火燃遍了全球，互联网世界亦是变幻莫测，Goggle、苹果等新老对手风生水起，大有赶超微软之势。很多人都在猜测，比尔·盖茨是否会再上演一幕“王者归来”。对于纷纭众说，比尔·盖茨只是淡淡地说了一句：“所有的企业最终都会被取代。”

第二次改变世界

比尔·盖茨退休后，会去做些什么呢？在他刚刚向外界公布退休计划的时候，这就已经成了世人所关注的焦点。早在2007年4月的时候，比尔·盖茨参加了中国中央电视台《高端访问》的节目，主持人水均益对他说，有不少网友建议他干脆去竞选美国总统。比尔·盖茨极为坦白地说：“我很明确不会去竞选任何一个职位。我很喜欢继续在微软工作，还有在基金会工作，这是我最大的贡献。”

熟悉比尔·盖茨的人都知道，他此去之后，既不会安享富贵，也不大可能投身于政治。因为还有一项伟大的事业在等待着他，那就是他的慈善基金会工作。在接受美国《新闻周刊》记者采访的时候，比尔·盖茨也很明确地说过：“如果没有这个基金会，我可能会留在微软公司，继续非常卖力地工作，因为我真的很喜欢工作的感觉。但是，我发现自己内心想把更多的时间花在慈善事业上的愿望越来越强烈，我希望有更多时间从事基金会的工作。”而促使比尔·盖茨最终做出这一重大抉择的，则是他的妻子梅琳达。

从2008年7月开始，比尔·盖茨就远离了微软公司的日常事务，在比尔及梅琳达·盖茨基金会工作成了他的全职。在一周的工作时间里，他只有15个小时是去充当微软公司董事长的角色，其余的时间则全部留给了基金会。对于比尔·盖茨来说，慈善绝不是一种富人的游戏，更不是一种博取名声的手段，而是他人生中的另一项宏大事业。他曾这样对人说：“30多年前，保罗·艾伦和我创建了微软，我们当时要发起一项运动，让计算机服务于每一个家庭。10年前，梅琳达和我创立了基金会，是因为要发起一项完全不同的运动——创建一个新世界：不会再有人过着每天1美元的生活以及没有人死于我们能治疗的疾病。”可见，在比尔·盖茨的心目中，做慈善和设计软件几乎是同样重要的，它们都是他改变世界的重要方式，也是他实现人生理想的重要途径。

当然，比尔·盖茨也不是天生的慈善家，他对慈善事业的认识有着一个曲折的过程。在这个过程中，他的母亲玛丽、父亲威廉，还有妻子梅琳达，都从中发挥了重要作用。生在那样一个热心参与社会公共事务的中产阶级家庭中，比尔·盖茨从小就受到了社会意识的耳濡目染。在比尔还小的时候，玛丽和威廉就经常教育他，要做一个好公民，多为社会做些事情。这些对比尔·盖茨后来投身慈善的理想，肯定有着极为重要的影响。

然而，早年的比尔·盖茨最在意的还是他的软件事业，激烈的市场竞争常常把他弄得焦头烂额。在这个时候，他根本不大可能有心思去关注慈善事业。事情最初的转变还是在1993年的秋天，那年他和未婚妻梅琳达去了一趟非洲。让他们感到触目惊心的是，当地居民别说生活，就连最基本的生存都维持不下去。眼前的景象给比尔·盖茨和梅琳达留下了难以磨灭的印象，他们都被眼前的这一幕给震惊了。在那一刻，他们在想，究竟能为这些人做些什么呢？

第二年，他们结婚了，并收到了母亲寄来的祝福信，母亲的字字箴言让夫妻俩唏嘘不已。几个月之后，母亲永远地离开了他们。在悲痛之余，比尔·盖茨也开始重新思考人生的价值和意义。母亲的教诲在他耳边回荡，尤其是那句“拥有得越多，责任也就越大”，让比尔·盖茨更为强烈地意识到，他需要为这个世界做一些事情。这时，他又想到了那些生存没有着落的非洲人民，于是就去请求父亲给予指点迷津。在父亲的指引之下，比尔·盖茨捐出了9400万美元，成立了第一个慈善基金会。这就是威廉·盖茨基金，由父亲来管理。

不过，这个时候，比尔·盖茨虽然有心做慈善，但是他很难全身心地投入其中。因为从1994年开始，微软的发展进入了一个全盛时期，可同时也面临着接连不断的商业纠纷，常常要与人对簿公堂。对于那些纷纷而来的求助信件，比尔·盖茨大都持视而不见的态度，这也让他的父亲感到很难为情。

1997年9月，美国舆论界发生了一件引发朝野热议的大事情。由于美国政府拖欠了联合国十几亿美元的会费，导致联合国的很多部门都无法正常运营。就在这个时候，美国有线新闻网的创始人特德·特纳一次性向联合国捐款10亿美元，各大媒体都在最显眼的位置报道了这一事件。在接受媒体的采访中，特纳直截了当地向比尔·盖茨隔空喊话：“我捐了这么多钱给联合国，世界首富，你的钱在干什么?”比尔·盖茨迅速成为舆论的热点，在媒体的炒作之下，要求比尔·盖茨捐款的呼声越来越高。

实际上，经历惯了舆论风雨的比尔·盖茨还真没拿这太当回事儿。倒是他那一向热衷于各种公益事业的老父亲，越来越感到自己面子上挂不住。一有机会，他就催促儿子去做些公益事业。其实，比尔·盖茨并非不想做慈善，而是他觉得，如果一边努力地赚钱一边又到处撒钱，可能会把生活弄得混乱不堪。这个时候，他的父亲威廉和妻子梅琳达都在全心全意地做慈善，而且他们都在试图说服比尔·盖茨更多地投身到慈善事业中来。也就是在这一年，比尔·盖茨又与夫人梅琳达成立了一个新的基金会——盖茨图书馆基金会，希望通过公共图书馆使更多人有机会运用科技资源。

1998 年，微软公司因为涉嫌垄断，面临着美国司法部的指控。就在这一年的一个星期天，比尔·盖茨在《纽约时报》上看到了一篇文章，正是这篇文章，让他更加坚定了投身慈善事业的决心。文章用数字和图表，勾勒出了世界上不同国家的收入和生存状况。让他感到震惊的是，世界上90％的疾病都发生在贫困国家里，而这些国家的人民却只占有10％的医疗资源，这种不均衡的社会现象极大地触动了比尔·盖茨。为了唤起人们对慈善事业的注意，他曾这样向人们解释：“如果一架飞机在印度坠毁，400名乘客全都失去生命，这听起来很有‘新闻价值’。但事实上，就在同一天，可能有相当于乘满20架波音747的孩子死于原本可以预防的疾病，而挽救他们生命的费用还不足一架飞机的百分之一。”

这个时候，比尔·盖茨已为人父。一想到那些贫困国家的儿童正在饱受着生存和健康的威胁，再想想自己所拥有的巨额财富，他就很难再心安理得地接受这个事实。他说：“作为一个父亲，我认为，非洲孩子死去所引起的痛苦和悲伤丝毫不亚于其他孩子的死亡；我认为，使这些孩子的命运发生翻天覆地的变化并不用费太大力气。”他强烈地意识到，自己不能再等了，如果自己多一刻迟疑，就不知道有多少生命会陨落。

从1998年开始，比尔·盖茨正式把慈善作为人生中的又一项事业，并暗暗地做出承诺：“我要从世界上最富的人变为最大的慈善家。”在一次演讲中，他这样说道：“我有机会当了父亲，我有一个女儿，还有一个儿子。在很多方面我都感觉条件比较优越，所以我尽我自己最大的努力回报社会。”同时，他也愈来愈清醒地意识到，帮助人们摆脱贫困，其实和发展科技同样重要。2000 年 10 月，在西雅图举行的“数码鸿沟会议”上，比尔·盖茨一针见血地指出：“一家像惠普这样的科技公司从每天 1 美元过活的人身上，所能获得的成长率是很小的。你们知道每天靠不到 1 美元生活代表什么意思吗？而且那里没有电。有不用电的个人计算机吗？”

在考察了世界上的很多地方之后，比尔·盖茨吃惊地发现，有很多儿童都无法得到那些在美国人看来理所当然的一些东西，比如疫苗、营养食品和干净的水，等等。回到西雅图之后，他就慈善事业进行了认真的思考和研究。他认为，如果能够向贫困地区提供疫苗或食品等，那么每年将会以很低的代价拯救数百万人的生命。在比尔·盖茨看来，这件事刻不容缓，根本等不到他退休之后再来做。他按捺不住兴奋地说道：“我经常在想，我应该在完成了全职工作之后再进行慈善事业。但是能够同时做这两件事，那感觉还真不是一般的棒。”

2000 年，比尔·盖茨辞去了微软公司的 CEO 职务，把更多的精力投入到了慈善事业当中。这一年，他把先前的威廉·盖茨基金会和盖茨学习基金会（即于 1997 年成立的盖茨图书馆基金会，1999 年更名）合并，组成了比尔及梅琳达·盖茨基金会，慈善金额共计 240 亿美元，由妻子梅琳达和父亲威廉共同打理。毫无疑问，比尔·盖茨之所以一步步地退出微软公司的日常管理，正是因为妻子梅琳达和这个基金会。他也承认，因为梅琳达，他很愿意扮演新的社会角色。这项新工作让比尔·盖茨感到无比兴奋，也得到了亲人和朋友的大力支持。当他宣布把 580 亿美元的资产捐给基金会的时候，他的富翁朋友们也纷纷表示支持。沃伦·巴菲特也宣布把自己 370 亿美元悉数捐出，在社会各界引起了不小的震撼。

对于比尔·盖茨来说，2005 年 3 月 2 日这一天是个无比荣耀的日子。在金碧辉煌的白金汉宫里，英国女王伊丽莎白二世接见了比尔·盖茨和他的妻子梅琳达。因为他们在商业上的巨大成功，以及为慈善事业所做出的突出贡献，伊丽莎白女王授予了比尔·盖茨二级骑士荣誉勋章。这可是一个最为崇高的荣誉，因为在所有的美国人中间，也只有前总统老布什、前纽约市长朱利安尼，以及电影导演斯皮尔伯格等少数几人获得过此等殊荣。

2007年4月，比尔·盖茨来到了中国。在接受《高端访问》的访谈中，他再一次谈到了财富差异问题。他说："有了一些财富，是很令人欣慰的。像我的孩子们的教育问题，以及安排很好的假期，对其中的花费问题我从来不必去担心，这是一个很大的好处。但是实际上在世界上只有很少的一部分人才会没有这样的担心。"接着，他又说道："我希望自己能够成为一个榜样，在商业方面，在其他方面，像微软如何回报社会，还有我自己如何通过自己的基金会回报那些需要帮助的人们。"

与此同时，他还在博鳌亚洲论坛上呼吁："比如说占了全世界超过90%的医学进步实际上是为了改变那种占了全世界20%的富人的疾病状况，这是非常令人吃惊的。一些疾病每年都使大量的儿童死去，而治疗这种疾病的药剂市场驱动力并不大，这就需要一些公司做出相应的贡献。我们需要一些注重公平、公正发展的医药公司，对这些方面进行更大的投入。”

事实上，比尔·盖茨从微软退休之后只是调换了一下人生的位置，他还是像以前那样忙碌，慈善事业俨然成为他人生的第二战场。他不只是自己在做，也呼吁社会各界投身到慈善事业当中。人们经常能在电视上看到他的身影，从广播中听到他的声音。他的那些昔日的同学和朋友们，常常会兴致勃勃地听着关于世界首富的各种消息。比尔·盖茨有时会在白宫演讲，有时候会和某位大富豪交谈，有时候也会与某个国家的首脑谈判，他几乎都是在为那些落后的国家和地区争取更多的援助。

微软公司商业部的一位总裁曾经这样向外界描述比尔·盖茨的生活节奏：“今天比尔·盖茨可能与意大利总理贝鲁斯特尼会面，寻求来自国外的援助；明天就可能会见西雅图生物研究院的科学家，讨论艾滋病疫苗的研发；第三天他又可能会和美国教育部秘书见面，商讨如何激励优秀教师。”可以说，比尔·盖茨把昔日从商生涯中积累下的经验都应用到了慈善事业中，充分显示了他杰出的外交才华。他孜孜不倦地劝说富人们慷慨解囊，因为只有这样，社会资源的分配才会变得更加平等，一些人的生活才能得到真正的改善。

在比尔·盖茨从事慈善的过程中，给予他帮助最多的还是沃伦·巴菲特。虽然巴菲特并没有像盖茨那样把全部的精力都投入到慈善当中，但是他们经常在一起分享从事慈善的乐趣。尽管盖茨从来都没有向巴菲特寻求过援助，可是巴菲特总是能在关键时刻为老朋友出谋划策。在很多慈善场合中，他们经常同进同出，俨然是一对黄金拍档。

一直以来，比尔·盖茨都想把世界上所有的富人都吸纳到慈善队伍中来，以便更大程度地造福世界。尤其是在他全力掌管比尔及梅琳达·盖茨基金会以后，这个愿望越来越强烈。可同时，他还有一种担心，那就是：谁会愿意把自己辛辛苦苦赚来的钱无偿地捐出去呢？在 2009 年 3 月一次会餐的时候，比尔·盖茨把自己的想法告诉了巴菲特。巴菲特听比尔·盖茨说完之后，表示完全赞同，并对他说，这件事并不难办，然后给盖茨出了一个主意。比尔·盖茨听完，顿时豁然开朗，于是两个人就开始策划一个别出心裁的募捐活动。

两天之后，福布斯全球富豪榜上的前两号人

物比尔·盖茨和沃伦·巴菲特联名写信给美国最资深的大富豪大卫·洛克菲勒。信件的大意内容是，希望能由洛克菲勒老先生出面，邀请美国各地的大富豪共聚一堂，商议全球的慈善事业。已年届 95 岁高龄的大卫·洛克菲勒收到信后，很快就做出了回应。他对这二人的提议深表赞同，不但主动提出让比尔·盖茨来做主办方，还把高贵典雅的洛克菲勒大学的校长室作为聚会活动的地点。而后，比尔·盖茨就以他本人、洛克菲勒和巴菲特的名义，向那些大名鼎鼎的富豪们发出了聚会邀请。其中还包括纽约市长布隆伯格，华尔街金融大鳄皮特森、罗宾逊和索罗斯，以及洛杉矶、费城等地的富豪们。

2009 年 5 月 5 日，在洛克菲勒大学的校长室里，举行了一场美国以往历史上绝无仅有的聚会，到场的各位富豪们身价共计 1300 多亿美元。首先由沃伦·巴菲特提出了聚会的主题，不过他并没有直接提出捐款的事情，而是让大家谈一谈对于慈善事业的感悟。到场的各位富豪大都有过做慈善的经历，他们纷纷讲出了自己的故事。之后，比尔·盖茨开始说话了，他希望大家能够为慈善事业做得再多一些。这样一来，聚会也就慢慢地切入了正题，大家开始关注如何把更多的人拉进慈善的队伍中来。很显然，这次聚会只能算是一个序幕，不可能会有太大的收获，但是比尔·盖茨毕竟迈出了可贵的第一步。

然而，有一件事情是比尔·盖茨和沃伦·巴菲特都始料未及的，那就是他们这么一大群富豪聚在一起，怎么可能会无人知晓呢？嗅觉灵敏的媒体很快就做出了各种推测，社会民众对这件事更是关心，他们都想知道这些有钱人聚在一起到底是在谋划什么，是否又在算计公众的利益。在强大的舆论压力下，比尔·盖茨真是有苦难言啊。比尔及梅琳达·盖茨基金会的 CEO 斯通尼斯菲一次次向公众澄清，连比尔·盖茨本人也不得不站出来向外界声明，说他们聚在一起根本没有谈到经济问题。即便如此，依然没能消除外界的猜疑。这个时候，比尔·盖茨不可能把这次聚会的整个议程一一披露，毕竟事情还没有头绪，说出来又有几个人会信呢？于是他只好选择沉默。

比尔·盖茨的募捐计划依然在按部就班地进行。这一年的 11 月份，比尔·盖茨再次邀请美国各地的富豪来纽约市公共图书馆聚会。在此之前，比尔·盖茨听从了梅琳达的建议，特意邀请了富豪们的妻子。这次聚会很有成效，影响也更为深远。之后，他们又有了第三次聚会，几乎全美国各地的富豪都参加了。虽然这三次聚会都没有直接谈及捐款的事情，但是对比尔·盖茨的慈善计划起到了广而告之的效果，并一次比一次更接近他和巴菲特当初预设的目标。

接下来，比尔·盖茨就拉开了一场声势浩大的“做出承诺”的活动。该活动的主题是要富豪们立下一个盟约——在其有生之年或即将离开人世之际，捐出至少一半的财富。为了让富豪们打消疑虑，比尔·盖茨特意向大家声明：只要做出承诺就等于加盟，但是这个盟约只是口头性的，不带有任何法律效力。然后，比尔·盖茨又给福布斯美国富豪榜排名前 40 位的富豪致电或通信，请求他们参与“做出承诺”的盟约。

在 2010 年上半年的所有时间里，比尔·盖茨都一直在为此事奔波。最后在比尔·盖茨的争取之下，美国的富豪们纷纷响应，包括房产大亨布罗德、风险投资家杜尔、酒店业大佬希尔顿、甲骨文 CEO 埃里森，当然也少不了比尔·盖茨昔日的最佳拍档保罗·艾伦。8 月 4 日这一天，美国 40 位顶级富豪联合发表了加盟声明，这也意味着“美国40位独有的个人或家族许诺，将其大部分财富捐给慈善事业”。此时的比尔·盖茨深深地舒了一口气，他终于可以把一年前聚会的内幕公之于众了。

比尔·盖茨的努力获得了社会各界的高度认可，著名的美国《大西洋月刊》曾这样评价他说：“就像柏拉图的理想国需要哲人来统治一样，如果我们这个时代有一个像盖茨一样的主宰者——同时他也十分积极接受这份使命的话，他会让世界变得更加美好。”

世界首富的钱在哪里

在美国西海岸的著名城市西雅图一角，有着一幢别致的二层小楼，这里就是比尔及梅琳达·盖茨基金会的总部。每年比尔·盖茨都会往该基金会注入一定数目的资金，这笔钱大多用于贫困国家和地区的疾病预防项目。基金会聘请医疗、健康等方面的专家，以及财务主管、法律顾问等，总计200多人。每个月他们都会收到来自世界各地的3000多份援助申请，并筹划300个左右的援助项目，此外他们还会援建一些学校和图书馆。比尔·盖茨所有的财产差不多都将从这里流

向世界各个地区。自从这个基金会在 2001 年设立以来，到 2005 年年底的时候，盖茨夫妇陆陆续续地捐出了他们将近三分之一的财富。

2005 年 12 月，盖茨夫妇因为他们的善行而被美国《时代周刊》评为了“2005 年年度风云人物”，同时获得这一殊荣的还有著名的爱尔兰摇滚巨星波诺。波诺不仅在音乐创作上取得了杰出的成就，他对世界慈善事业的影响也很深远，并一度被提名为诺贝尔和平奖候选人。他曾这样评价比尔·盖茨：“比尔·盖茨改变了世界两次，而这次的改变，将使比尔·盖茨更为后人景仰。”波诺的这句话可谓是一语中的。当我们回顾比尔·盖茨的人生经历时，就不难发现他一直都在努力地去改变人类世界。如果说这种改变在前半生带有征服意味的话，那么后来的改变则带有拯救的意味。而在比尔·盖茨看来，这两种改变世界的方式是殊途同归的，他的目的都是为了把这个世界变得更美好。

作为这个世界上最大的富豪，比尔·盖茨曾被美国人誉为“坐在世界巅峰的人”。他的这笔巨额财富，以及他对这笔财富的处理方式，都成为人们关注的焦点。就这笔财富而言，即便是撇开它的升值空间不谈，它也足够让比尔·盖茨的子孙百代安享富贵，可是，比尔·盖茨似乎从来都没有这样想过。为此，他不仅在事业上赢得了世人的仰慕，也在人生姿态上成为世人的榜样。

显然，比尔·盖茨的伟大之处不是在于他拥有着富可敌国的财富，而是在于他有着一种高尚的财富理念。而这种财富理念的形成，首先得益于他的父母。他这样说过："就慈善基金会来讲，为穷人进行健康研究有着非常深远的影响，这也是我父母教授给我的价值观。"我们前面也说过，比尔·盖茨的父母一直都是热爱公益活动的人，他们也把这种观念传递给了自己的孩子。

2001 年，小布什上台之后，计划取消遗产税。这个消息一经传开，作为这项法律的最大受益者的美国富豪们却不同意。2001 年 2 月，120 位富豪联合起来在《纽约时报》发表声明，抵制政府的这种做法。他们在报纸上打出了广告，旗帜鲜明地写着："请对我们征税。"而这个活动的发起人正是比尔·盖茨的父亲威廉·盖茨。威廉·盖茨在请愿书中是这样写的："取消遗产税将使美国百万富翁、亿万富翁的孩子不劳而获，使富人永远富有，穷人永远贫穷。"

就在威廉·盖茨领着大家抵制政府取消遗产税的时候，比尔·盖茨也发表声明说：“我任何增长的财富都会流入我的基金会，我希望这些财富能够以有效的方式回报社会，因此意味着投向健康和教育，而与我要买更多的汉堡或别的什么不一样。”为了表达对父亲的敬意，比尔·盖茨在父亲的 80 岁生日这一天，宣布设立“威廉·H·盖茨公共事务立法奖学金”。基金会计划投入金额 3300 万美元，持续 80 年，每年会从华盛顿大学选出 5 名法律专业的学生，与他们签订协议，为这些学子提供包括生活费在内的一切求学开支。但是这些学生在毕业之后，必须要在公共服务行业工作 7 年，否则要偿还 10 万美金。听到这一消息之后，老盖茨激动地说：“我感到非常吃惊和高兴，这是十分动情的时刻。”

虽然比尔·盖茨从 1998 年才开始正式投身慈善事业，但是他对慈善的认识在很早之前就开始了。在刚开始的时候，比尔·盖茨也和大家一样，认为把财富留给下一代是件理所当然的事情。直到 1986 年 9 月的一天，他在《财富》杂志上看到了一篇题为“你应该把所有的财富都留给孩子吗？”的文章，受到了很大的触动。这篇文章的作者正是沃伦·巴菲特，他鲜明地指出了让子女坐享财富的种种弊端。比尔·盖茨由此才开始意识到，如果把所有的东西都抓在手里，那也许是个错误。

从20世纪90年代初开始，比尔·盖茨就断断续续地做出了很多善举。他在1995年出版的《未来之路》，以及1999年出版的《未来时速》这两本书都曾在各大媒体的畅销书排行榜上名列榜首，并获得了很不错的收益。两次卖书所得来的钱，都被比尔·盖茨捐给了那些致力于科教事业的非营利性组织。

对于自己数百亿美元的财富，比尔·盖茨曾这样对人说："我对财富的态度是，我只是这笔财富的看管人，我需要找到最好的方式来使用它。"2004年7月的时候，他又将30亿美元的股票红利投入了比尔及梅琳达·盖茨基金。到这个时候为止，比尔·盖茨已将个人资产的37%投入了慈善公益事业。此外，他还通过英国BBC告诉世人，将把580亿美元的资产全部捐给这个基金会，并希望以这种最有正能量的方式来回馈社会。

比尔·盖茨留给孩子们的不是金钱，而是这种对待金钱的方式。在一次采访中，他这样告诉

记者："我最大的孩子已经有 7 岁，当我们出发前往非洲或是印度时，她知道我们非常幸运，有钱帮助改善那里人们的健康状况，用一种正确的方式回报社会。孩子们从小就接受了这种思想。至于他们将来能否接受，到他们年满 21 周岁时，我想我们会打电话征求他们的意见。"

比尔·盖茨始终都坚持着这样一种观点，那就是"我们在财富榜上的位置越高，我们在帮助别人这方面，就越该在贡献财富的同时贡献我们的智慧"。在设立基金会之后，比尔·盖茨开通了自己的网站，并按时公布他的行程，以及最近所关注的事情。此外，他还会发表一些个人观点。与此同时，他还注册了 Twitter，与世界各地的网友进行交流。

在世界很多贫困落后的地区，我们都能经常看到比尔·盖茨的身影，有时候他在印度等地向人们提供免费疫苗，有时候他在菲律宾帮助当地人民研发抗涝水稻，有时候他在非洲帮助当地人民防治疟疾。然而，比尔·盖茨也清楚地意识到，即便自己是世界上最有钱的人，可是他的力量依然很有限。世界卫生组织曾做过估计，如果每年要救助 800 万人，那将花去 250 亿美元。这也意味着，面对地球上的数十亿的贫困人口，比尔·盖茨就算是倾家荡产，依然是杯水车薪。

为此，比尔·盖茨也曾经开诚布公地说过："在我从事慈善工作之前，我也很担心这个问题。我个人的财富与政府预算相比是九牛一毛，如果大家想一想每年中国的教育经费，或者卫生经费就知道。有许多种方法来解决这个问题，比如说疟疾疫苗。我们知道如果政府不去开发相关的药品，而营利性企业也不为花不起钱的人开发这些药品，每年就会有大约 100 万人死于这种疾病。如果我们发现有些事情没人去做，而我们有能力找到最好的人才，即使我们失败了，也还会接着尝试，因为我们取得的进步是巨大的。"因此对于比尔·盖茨来说，慈善绝对不是把钱撒出去就行了，它还是一场智慧的考验。与商场上的刀光剑影相比，对抗贫困和疾病的这种考验可以说是有过之而无不及。

虽然比尔·盖茨一直在为慈善事业积极奔走，但是他从来都没有哗众取宠般地到处撒钱。那样做也许会给自己博来一些好名声，可对整个人类世界来说，却是于事无补。凭借着深厚的商业经验和敏锐的洞察力，比尔·盖茨看到了生物

科技的宏伟前景。他认为只有在生物科学技术上加大投入，才能收到事半功倍的效果。大多数时候，这些活动都在悄无声息地进行。正如他所说："我们不可能就治疗疟疾问题进行一场消费类电子产品展示会。你不可能召集5万人到一个城市，然后说'今天的主题就是比尔要对疟疾议题发表演讲了'。我们做了很多事情，新的培育、新的疫苗等，但你不可能为此大张旗鼓。"

为此，比尔及梅琳达·盖茨基金会设立了"远大挑战"研究基金，专门用于生物科技研发。2005年11月，他们把获得该项基金的50名科学家召集到了西雅图，进行了一次卓有成效的会谈。一名基金会的工作人员问这些科学家道："还有什么是你们研究项目所需要却还没有得到的?"一个科学家小声说："更多的钱。"比尔·盖茨从来都是说到做到，在很多救助扶贫科技项目的研发上，比如生产疫苗、改良农作物品种等方面，他几乎到了不计成本的地步。

与那些声名大噪的慈善人士相比，比尔·盖茨更注重踏踏实实地做事情。在接受美国《新闻周刊》采访的时候，他这样说道："我看问题的角度是，40亿最穷苦的人们究竟怎么想。"在

2008 年的一次演讲中，他向人们分析了那些穷人的艰难处境：“在全球范围内，差不多有 10 亿人缺乏足够的食物，喝不上清洁的饮用水，用不上电，而这些是我们已经习以为常的生活基本必需品。全世界每年有超过 100 万人死于疟疾，然而这类疾病得到的关注还比不上治疗脱发的药物。全世界最贫困的 10 亿人没有享受到全球化的好处，相反他们被撇在一边。气候变化的成因和他们无关，可偏偏对他们的生活影响最大。”

正是因为有了对穷苦人群的这种清晰了解，比尔·盖茨才真正地明白那些贫困地区的人们到底需要什么，又该如何去救助他们。在一次访谈中，他是这样对记者说的：“同饥饿与死亡相比，关于到底使用哪个软件操作系统的争论实在不值一提。”比尔·盖茨提出的对世界贫困地区人群的疾病防治措施，获得了联合国有关部门的高度认可。世界疾病控制与预防中心的前主管福奇博士曾这样评价盖茨夫妇：“有朝一日书写全球卫生事业的历史时，转折点将是两个人，比尔·盖茨和梅琳达。”

在 2007 年 4 月的博鳌亚洲论坛上，比尔·盖茨向在座的各个国家和地区领导人这样陈述了自己的设想："我的基金会对中国和非洲农业专业技术的发展特别感兴趣，我们还想把更多非洲人送到中国接受培训。如果你们得到了一些粮食，是用它来养牛获得牛肉和牛奶呢，还是把它出口到其他地区？我们可以帮助做出这种类型的决策。如果农作物出现问题，我们可以对农作物拍照片，然后通过远程系统，请专家看看这些照片，然后说出问题的所在。这个过程中我们会学习到一些专业知识，比如为什么我们的牛会产奶。"比尔·盖茨的设想获得了在场人士的高度认同。可是，不要忘了，与这些国家和地区的领导人相比，比尔·盖茨是在以他一己之力，调动一切可以调动的资源，去拯救这个世界上被忽视的穷人。即便他是世界上最有钱的人，这种行为依然让人感动。

另外，比尔·盖茨还从一个更深的层面上提出了慈善事业的长久之计。在 2008 年 1 月 27 日的世界经济论坛年会上，他这样呼吁："我们的挑战是设计出一种新的制度体系，让利润和知名度这样的市场激励发挥作用，使企业更加倾向于为穷人服务。我把这种想法称为创新型资本主义。通过这种途径，政府、企业及非营利性组织可以进行合作，让市场在更大范围内发挥作用，从而使更多的人可以从中赢取利润，或是得到认可，最终改善全球不平等的现象。”

从比尔·盖茨这一系列的言行中，我们可以真切地感受到他对慈善事业的用心之深。一个名叫米歇尔·科兹曼的风险投资商人曾经这样预言说：“在遥远的未来，那时或许没有人会记得微软和微软的比尔·盖茨，但是所有人都会记得盖茨的基金以及他对世界所做的贡献。”比尔·盖茨的一生都在努力地改变这个世界，他这一生也注定要成为众人津津乐道的传奇。

2007 年，当比尔·盖茨站在哈佛大学演讲台上，面对台下的莘莘学子时，他真诚地说出了这样一番话：“我希望，30 年后你们回到哈佛，能想起你们用自己的天赋和能力所做出的一切。我希望，在那个时候，你们用来评价自己的标准，不仅是你们的专业成就，而且包括你们为改变这个世界深刻的不平等所做出的努力，以及你们如何善待那些远隔千山万水、与你们毫不相干的人们，你们与他们唯一的共同点就是同为人类。”这话何尝又不是比尔·盖茨在经历了商场风云，识遍了人间疾苦之后，对生命和世界的一番感悟！

尾声
离开微软的日子

在经历过无数次的辉煌和黯淡之后，也许比尔·盖茨早已视一切为浮云。在离开微软后的日子里，他大部分的时间都在孜孜不倦地奔波于世界各地，一边为慈善事业呕心沥血，一边在慎重而冷静地思考着人类的未来。

就在比尔·盖茨离开微软的 2008 年，就在他连续 10 年位居福布斯全球富豪榜榜首之后，他的好友沃伦·巴菲特取代了他的位置。而 2010 年至 2013 年，墨西哥电信大亨卡洛斯·斯利姆·埃卢又连续 4 年位居榜首。直到 2014 年，福布斯全球富豪榜榜首的宝座才又回到了比尔·盖茨的名下。

2014 年，注定又是比尔·盖茨人生中不可忘却的一年。2 月 4 日，比尔·盖茨辞去了微软公司董事长之职，由约翰·汤普森接任，自己只是担任公司里的技术顾问，这也就意味着比尔·盖茨从此将不再为微软效力。但仅仅一个月过后，即3月4日，《福布斯》又发布了一年一度的全球富豪榜榜单，比尔·盖茨以760亿美元的净资产荣登榜首。在告别福布斯全球富豪榜榜首宝座4年之后，比尔·盖茨从墨西哥首富卡洛斯·斯利姆·埃卢那里夺回了“世界首富”这个头衔。

也许在不少人的眼里，卸任微软公司董事长后的比尔·盖茨应该是真的退休了。甚至可能还有人会觉得，这位计算机软件行业的霸主劳碌了一生，锐气也应该大不如从前了。然而，这一年8月份YouTube网站上流行的一段视频让世人再次为比尔·盖茨拍手喝彩。

这年8月，美国名流圈里掀起了一场“冰桶挑战”的慈善游戏，接受挑战的人要将一桶冰水浇在自己的头上。然后，将录制的视频上传到YouTube网站，并向另外三人发出挑战才算完成。如果该挑战不能在24小时之内完成，那么被挑战者就要向ALS（肌萎缩侧索硬化症）慈善基金会捐赠100美元。

这天，年近六旬的比尔·盖茨也受到了挑战，发出挑战的不是别人，正是“脸书”的创始人——年轻的亿万富翁马克·扎克伯格。看完扎克伯格的“冰桶挑战”视频后，比尔·盖茨面对镜头，不无自信地说道：“我很乐意帮助 ALS 患者，但是我也想要接受这个挑战，不过我要做得更好。”他没有像年轻的扎克伯格那样，简单地举起一桶冰水淋浇在自己头上，而是精心地设计了一个支架装置。他自己亲手计算、绘图、建造、喷漆，整个过程进行得有条不紊。

这一切完成之后，比尔·盖茨站在支架下方，面带微笑地对镜头说道：“通过这个冰桶挑战，我希望能够引起人们对 ALS 的关注。我还要向另外三人发起挑战，你们是埃隆·马斯克、瑞安·西克雷斯特，还有克里斯·安德森，你们有 24 个小时的时间，祝你们好运!”说完，比尔·盖茨优雅地拉下了支架上的冰桶，瞬间被冰水浇成了落汤鸡。“冰桶挑战”竟还能有这个玩法，着实让人们开了眼界。

9 月 29 日这天，比尔·盖茨作为嘉宾，参加了美国政治新闻网的“Lessons From Leaders”栏目。其间，比尔·盖茨和驻白宫首席记者迈克·艾伦谈到一个科技话题，就是人们可以通过手表或手环监控自己的健康。机智的迈克·艾伦迅速追问比尔·盖茨:“那您现在戴的是不是就是这款手表?”

“哦,不,不,”比尔·盖茨满面微笑地说道,“我这块只是售价10美元的普通手表。”比尔·盖茨一说完,满座皆惊。一个拥有几百亿美元的富翁,佩戴的居然是售价只有10美元的手表!这个消息一经美国政治新闻网报道,比尔·盖茨的生活方式再度受到了人们的热议,它也委实让很多富人为之汗颜。

毫无疑问,比尔·盖茨的高贵人格确实令人高山仰止。虽然他是世界上最有钱的人,但是他从来没有让金钱腐蚀自己的内心。他在思考问题的时候就像高高在上的王者,可是日常生活中的他永远都是一个普通人。在辛苦的工作之余,他也会像普通的工薪阶层那样,惬意地和家人分享欢乐时光。这年夏天,比尔·盖茨做的最有趣的一件事,就是为庆祝妻子梅琳达的50岁生日,他携家人前往奥地利度过了一个“音乐之声式”的假期。其间,年近六旬的比尔·盖茨竟然还穿上皮裤唱起了歌。

的确,比尔·盖茨依然是那样锐气十足,他既没有挥霍自己的财富,也没有挥霍自己的精力。他还是那样酷爱运动，尤其酷爱打网球，而且每次一打球全身都动了起来，神情状态还是那样投入。他还是那样热爱学习，不但会细心阅读每周的《经济学人》，而且还时时细心留意世界发展大势。

远离了商场的刀光剑影之后，疾病和贫困成了比尔·盖茨最强劲的对手。虽然他的一生衣食无忧，但是强烈的使命感使他义无反顾地走上了与贫困和疾病的斗争之路，并为此宵衣旰食。在比尔·盖茨及其基金会的努力下，全球的疟疾病例自 2000 年以来降低了 25%。到目前为止，全球仍有 2 亿疟疾病患者，比尔·盖茨计划再花费数十亿美元，力争把这个数字降低为 0。难怪他的中国同事张亚勤会说：“盖茨是一个对技术有热情、对人类有使命感的人。他有很多财富，但他自己的生活很简单，这种使命感是发自内心的，而不是装出来的。”

在比尔·盖茨看来，为穷人投资是改善世界不平等的重要方式。为了解决贫困地区人们的生活与健康问题，比尔·盖茨几乎可以说是敢为常人不敢为的事情。2015 年初，在世界各大网站上疯传的一段视频，再一次让世人对比尔·盖茨瞠目结舌。在视频中，比尔·盖茨从一台大型机器前接了一杯水并一饮而尽，然后盛赞这水好喝。经过了后面的介绍，人们才知道这杯水竟然是由人类的排泄物转化而来的。

其实，在2014年年底的时候，比尔及梅琳达·盖茨基金会投资的西雅图Janick公司，就研发出了一种名叫“Omni Processor”（全能处理器）的大型机器。这台机器的设计原理非常简单，只要将各种排泄物送进机器，处理器就会自动将其煮沸、蒸馏，再进行净化，几分钟后就转化成了日常饮用水。至于被脱去水的排泄物，则被机器燃烧发电。当比尔·盖茨观看完这台机器的整个运作过程后，他在博客中这样兴奋地写道：“在了解完机器运转的原理之后，我觉得如果每天都能饮用这种水真是让人高兴，因为它非常安全。”

比尔·盖茨这话没有丝毫的做作。了解内情的人都知道，比尔·盖茨的基金会近些年来一直在寻找将污染物净化成饮用水的方法。对于这台机器的诞生，比尔·盖茨的兴奋之情可以说是无法言表。他还认真地向大家算过这样一笔账：如果这台机器每天处理10万人的排泄物，那么就能产生出8.6万升的水，并提供250千瓦的电力。

的确，比尔·盖茨是个脚踏实地且高瞻远瞩的慈善家，他深刻地认识到人类世界的一个根本矛盾，就是地球上的自然资源极为有限且分布不均。人类只有在科技领域锐意进取，才能够弥补这个缺憾。而中国的发展模式，以及在解决贫困问题上的一些做法为比尔·盖茨提供了很多参考。在与贫困和疾病做斗争的过程中，这位永不言败的斗士常常会从中国解决问题的方法中获得启示。这位不可一世的世界首富，不知道曾多少次来到中国，他对这个伟大的东方古国一向怀有深厚的敬意。不论是在商业领域，还是在对人类未来世界进行规划时，他都积极地从中国获取宝贵的经验。

2015 年 11 月，比尔·盖茨再次访问中国，并在中南海紫光阁受到了李克强总理的亲切接见，双方就环境、能源问题进行了友好的交谈。中国开放式的发展方针让比尔·盖茨由衷地赞赏，尤其是李克强总理自信而务实的谈话，更让他对中美企业在能源领域的合作前景充满了美好的期待。

当我们回过头来，再去回顾比尔·盖茨波澜壮阔的人生时，就会发现，他在很多时候都是个不折不扣的梦想家。不过，他的梦想既不是金钱，也不是权力，而是为了让世界变得更加美好。无论是在科技领域的锐意进取，还是在商业竞争中的凌厉果敢，比尔·盖茨从来都没有让名利蒙蔽过自己的双眼，他对生命的忠诚和敬畏始终如一。

许久以来，比尔·盖茨给人的感觉都是那样狂妄自负，可是这种狂妄自负是源于他内心强烈的生命意志，而非对于同类的蔑视。他似乎比任何人都更加坚信一点，即无论是科技还是商业，其最终目的都在于如何去造福这个世界。因此他既没有沦为“无知者无畏”的科技狂人，也没有沦为那种穷奢极欲的守财奴。我们从他对人工智能的态度上，更能强烈地感受到这一点。

随着科学技术的发展，人工智能越来越强大地展现在了人们眼前。当很多人为此欢呼的时候，比尔·盖茨却表现出了一反常态的担忧。在2015 年的一次网络问答中，比尔·盖茨被问到了如何看待人工智能的话题，他很认真地说：“如果我们能够很好地驾驭，机器能够为人类造福，但如果若干年后机器发展得足够智能，那就会成为人类的心头大患。”

同样表达这种忧虑的，还有英国科学家史蒂芬·霍金，以及“钢铁侠”原型的设计者埃隆·

马斯克。霍金认为，人工智能的完美就意味着人类的灭亡。埃隆·马斯克则认为：“通过人工智能，我们正在召唤恶魔。我们试图操控人工智能就像企图用法术操控恶魔一样，最终会自食恶果。”而在那些一心发展人工智能的科学家看来，这些担心纯属杞人忧天。

对于有些人的盲目自信，比尔·盖茨亮明了自己的立场，他很坚决地说道：“我站在警惕人工智能的阵营一方。首先，机器能够为人类承担很多工作，但不应该过度智能化，要把握好人工智能的尺度。再过几十年，人工智能真有可能会成为一个令人担忧的问题。我同意埃隆·马斯克的观点，我很不理解，为什么会有人完全不担忧人工智能。”

在人工智能面前的忧虑，再一次显示了比尔·盖茨的睿智和冷静。事实上，在科技创新的道路上，比尔·盖茨从来都不缺乏想象力。而作为一个杰出的商人，比尔·盖茨也比任何人都清楚人工智能在未来的市场空间。可是，他更坚守一个原则，那就是科技的发展必须能够造福人类，一旦违背了这个原则，任何技术上的尝试都需要慎重对待。

2016年3月1日，著名的福布斯全球富豪榜揭晓，比尔·盖茨以750亿美元的财富荣登榜首，再度蝉联世界首富。在世人眼中，这个位置对比尔·盖茨来说应该是再合适不过了。即便是在“世界首富”的宝座更名改姓的日子里，人们在提起这个名词的第一时间里，首先想到的依然是比尔·盖茨。这绝不只是简单地因为他在这个位置上占据的时间太久了，而是因为他处理财富的方式完全超越了一个商人的境界，而直达哲人的高度。

至此，比尔·盖茨的故事也可以告一段落了，这位了不起的天才在人生的道路上走出了自己的极致。他的胸襟，他的才华，他的成就，乃至他的生活姿态，都让世人难以望其项背。对生命，对家人，乃至对整个人类世界，他几乎都在倾其所有。如果说天才是有局限的，那么严肃的生命态度则让比尔·盖茨超越了这种局限，而进入了一种大智的境界。如果说商人是有所不足的，那么强烈的使命感则为比尔·盖茨弥补了这个不足，而成就了一颗大仁之心。当一个人懂得去敬畏自己的生命，尊重自己的同类，努力把每件事情都做到最好的时候，即便他不能彻底改变这个世界，这个世界也会因他的存在而变得更美好。

附录
比尔·盖茨生平大事年表

1955 年 10 月 28 日，出生在西雅图市的“瑞典人医院”。父亲威廉·亨利·盖茨是当地著名律师，母亲玛丽·盖茨是教师，后来出任华盛顿大学董事等多种职务。

1961 年秋，上小学，聪明异常，表现过于早熟，异于同龄人；六年级时因不大习惯与人交流，一度被母亲带去看心理医生。

1967 年秋，进入了著名的湖滨中学。

1968 年，湖滨中学开设计算机课，租用了一台 PDP－10 型计算机，比尔·盖茨从此与电脑结缘，深陷其中而一发不可收拾，并由此结识了他一生中最为重要的朋友肯特·伊文斯和保罗·艾伦。

1969 年，与肯特·伊文斯、保罗·艾伦等人成立了第一家公司——逻辑仿真公司。不久，他们便获得了第一笔业务，为俄勒冈州波兰特市的一家咨询科学公司编写工资发放程序。

1972年，又与保罗·艾伦成立交通数据公司，出售交通流量统计机器，并从中获利2万多美元。

1973年，顺利通过了SAT考试，进入哈佛大学法律系，并在这里结识了另一位重要的朋友史蒂夫·鲍尔默。

1975年，与保罗·艾伦成功地为阿尔塔8800设计出了BASIC语言程序，并创建了微软公司。两人股份按编写的代码数量划分，最初为6∶4，后来又调整为6.4∶3.6。

1977年，微软的运营步入正轨，比尔·盖茨办理完退学手续，正式从哈佛大学法律系退学，在新墨西哥州的阿尔伯克基全心经营微软。

1979年，微软与MITS的合作结束，微软公司迁往华盛顿州的贝尔维尤。

1980年，微软获得与IBM的合作机会，并成功地为其新上市的个人计算机开发出了MS－DOS系统，取得了操作系统领域的绝对优势。

1983年，微软开发出Windows操作系统，

并果断地自我淘汰了当时占市场超过八成份额的MS－DOS系统。

1985 年，微软举行公司成立 10 周年庆典，此时的微软拥有员工 900 多人，年销售额高达 1.4 亿美元。

1986 年，微软公司的股票在纽约上市，当天市值迅速翻番，比尔·盖茨成为世界上最年轻的亿万富翁。

1987 年，结识妻子梅琳达·弗兰奇。

1988 年，微软成功研发出 Windows 2.0，正式与 IBM 分庭抗礼。

1990 年，微软年销售额突破 10 亿美元，迎来公司成立 15 周年庆典。微软凭借 Windows 3.0 击败所有对手，成为计算机软件行业的霸主。

1991 年，结识了人生至交沃伦·巴菲特；同年，成立了微软研究院。

1993 年，微软成功研制出了电子百科全书；年底，微软被评为“美国最具创新精神的公司”。

1994 年，与梅琳达·弗兰奇结为伉俪，在夏威夷岛举行婚礼，保罗·艾伦、史蒂夫·鲍尔默和沃伦·巴菲特等好友前来参加；同年，最疼爱他的母亲去世；不久，比尔·盖茨出资 9400 万美元，成立威廉·盖茨基金会。

1995 年，微软在全球范围内隆重推出了 Windows 95 操作系统，世界各地迎来一场科技狂欢；同年，微软进军互联网领域，比尔·盖茨发表了著名文章《互联网浪潮》，并出版第一本著作《未来之路》，在世界范围内引起强烈反响；7 月 17 日，39 岁的比尔·盖茨以 129 亿美元的个人财富荣登福布斯全球富豪排行榜榜首。

1996 年，微软收购了 Web TV，开始进军家庭传媒领域。

1997 年，与妻子梅琳达成立盖茨图书馆基金会，希望通过公共图书馆使更多人有机会运用科技资源。

1998 年，微软举行了盛大的 Windows 98 操作系统发布会；经调查，美国司法部认为微软公司在与对手的竞争中存在垄断行为，责令其将 IE 网络浏览器与 Windows 操作系统分拆销售；同年，比尔·盖茨正式开始自己的慈善事业。

1999 年，出版著作《未来时速》，迅速成为畅销书，该书与《未来之路》的所售金额悉数捐给慈善机构。同年，将盖茨图书馆基金会更名为盖茨学习基金会。

2000年，微软的垄断案升级，联邦法院认为微软在商业竞争中存在暴力专制行为，责令微软公司一分为二，一家主要经营操作系统研发，另一家则主要负责互联网业务，并且两家公司之间存在一定的竞争关系；9月5日，微软举办成立25周年庆典。

2001年，小布什上台，哥伦比亚特区联邦上诉法院以7∶0绝对优势撤销了拆分微软的裁决，美国司法部也不再追究微软将IE网络浏览器和Windows系统捆绑销售的行为；同年，比尔·盖茨辞去微软的CEO，并将先前的威廉·盖茨基金会和盖茨学习基金会合并，组建比尔及梅琳达·盖茨基金会。

2005年，和妻子梅琳达·盖茨在白金汉宫接受了女王伊丽莎白二世授予的二级骑士荣誉勋章；12月，盖茨夫妇与摇滚巨星波诺一起被《时代周刊》评为“2005年度风云人物”，并荣登《时代周刊》封面。

2006年，宣布退休计划。

2008年，辞去公司首席软件设计师之职，正式从微软退休，开始了他在比尔及梅琳达·盖茨基金会的全职工作；同年，退居福布斯全球富豪榜的第二位，榜首由沃伦·巴菲特取代。

2009 年，其个人财富再度超过沃伦·巴菲特，重新回到福布斯全球富豪榜榜首；同年，在巴菲特的帮助下，开展了著名的“做出承诺”慈善活动，保罗·艾伦、埃里森、希尔顿等人纷纷加入。

2010 年，再次退居福布斯全球富豪榜的第二位，世界首富为墨西哥首富卡洛斯·斯利姆·埃卢取代。

2014 年，辞去了微软公司的董事长之职；在告别福布斯全球富豪榜榜首的 4 年之后，比尔·盖茨又以 760 亿美元的个人财富再度荣登世界首富宝座。

2015 年，《福布斯》公布了“全球十大最具影响力人物”，比尔·盖茨排名第六位，但仍位居福布斯全球富豪榜榜首之位；同年 11 月，比尔·盖茨访问中国，在中南海紫光阁受到了国务院总理李克强的亲切接见。

2016 年，福布斯全球富豪榜榜单揭晓，比尔·盖茨以 750 亿美元的个人财富蝉联世界首富。